W0180586

Henner Kotte

Populäre sächsische Irrtümer

Der Dank des Autors gilt einer Vielzahl von Rat- und Hinweisgebern, genannt seien Doris Mundus, Dr. Sebastian Schaar, Dr. Wolfgang Kotte und Dr. Frank Stübner.

Henner Kotte studierte Germanistik in Leipzig, Moskau und Dresden und arbeitet heute als Schriftsteller, Redakteur und Theaterkritiker. Zuletzt erschienen u. a. »Ministermord unter der Augustusbrücke« (2017), »Russentod in Frauenstein« (2017), »Bonnie & Clyde vom Sachsenplatz« (2016), »Blutiges Erz. Kriminalgeschichten aus dem Erzgebirge« (2015) sowie in der Reihe Blutiger Osten »Stiefel für den Tod« (2016) und »Leipziger Heimsuchung« (2016).

Henner Kotte

Populäre sächsische Irrtümer

Mit einem Geleitwort von Uwe Steimle

Bild und Heimat

Von Henner Kotte liegen bei Bild und Heimat außerdem vor:

Um Kopf und Kragen. *Unbekannte Fälle aus dem Kuriositätenkabinett der Kriminalistik* (2014)

Blutige Felsen. *Kriminalstories aus der Sächsischen Schweiz* (2015)

Blutiges Erz. *Kriminalgeschichten aus dem Erzgebirge* (2016)

Raubsache Leipzig *und vier weitere Verbrechen* (2016)

Leipziger Heimsuchung *und vier weitere Verbrechen* (2016)

Stiefel für den Tod *und zwei weitere Verbrechen* (2017)

Bonnie & Clyde vom Sachsenplatz *und zwei weitere authentische Kriminalfälle aus Dresden* (2016)

Russentod in Frauenstein *und sieben weitere authentische Kriminalfälle aus dem Erzgebirge* (2017)

Ministermord unter der Augustusbrücke. *Der Tod von Gustav Neuring in Dresden* (2017)

Flucht über die Todeszelle *und fünf weitere Raubfälle* (2017)

ISBN 978-3-95958-119-6

2. Auflage
© 2018 by BEBUG mbH / Bild und Heimat, Berlin
Umschlaggestaltung: BEBUG mbH / Bild und Heimat, Berlin
Umschlagabbildungen: Karl May, Meißner Porzellan, Nischel und Sachsendreier:
© Wikimedia Commons; Dresdner Fernsehturm: © Klaus Willem Sitzmann
Illustrationen im Innenteil: © fotolia
Druck und Bindung: CPI Moravia Books s. r. o.

Ein Verlagsverzeichnis schicken wir Ihnen gern:
BEBUG mbH / Verlag Bild und Heimat
Alexanderstr. 1
10178 Berlin
Tel. 030 / 206 109 – 0
www.bild-und-heimat.de

Geleitwort

Geschichte, Irrtümer und Sprache, das ist das feine Gebräu, aus dem der Autor Henner Kotte seine Melange zaubert. Kurzweilig, informativ, dazu ein Schuss Ironie und ein Tropfen Frechheit – schon liest sich dies Büchlein »fludschig« weg. Henner Kotte schreibt, wie er ist. Ungestüm, leidenschaftlich – und vor allem in angenehmem Deutsch. Angenehmes Deutsch, gut es soll ja auch Menschen geben, die lieben deutsche Schachtelsätze über zwanzig Zeilen, bei denen man am Schluss des Satzes schon gar nicht mehr weiß, warum er gebaut wurde, geschweige denn, was uns da jemand am Anfang schon nicht sagen wollte … Nein, das alles ist dem Wahlleipziger Wortfreund nichts. Er liefert sich der großen Gefahr aus, erkennbar zu bleiben, mehr noch, er will verstanden werden. Furchtbar, ja »forschbar«, wie der Sachse sagt, in der heutigen Zeit. Ich empfehle das Buch als wunderbare Bettlektüre, nach der ein jedes gelesenes Kapitel sanft wegschlummern lässt. Blutdrucksenkend im Abgang. Erheiternd und freundlich bei der geistigen Nahrungsaufnahme im Anfang. Und: Im Anfang war das Wort. Los geht's. Bilden Sie sich! Jetzt.

Herzlichst, Uwe Steimle

Sachsen, Niedersachsen, Angelsachsen sind ein Volk

Irrtum! *Aber ...*

... diese Namen legen eine Verwandtschaft nah. Und vor über 1500 Jahren wäre ein gemeinsamer Ursprung auch auszumachen. Die alten Sachsen waren ein germanischer Volksstamm, der bis Mitte des 5. Jahrhunderts an der Nord- und Ostseeküste siedelte. Zu ihnen gehörten verschiedene Ethnien wie die Chauken, Ampsivarier, Angrivarer, Brukterer oder die Cherusker mit dem Helden vom Teutoburger Wald: Arminius.

Erstmals erwähnte der Ägypter Ptolemäus (ca. 100–160 n. u. Z.) das sächsische Volk und verortete es »nördlich der Elbe und südlich der kimbrischen Landenge«, die sich heute Schleswig-Holstein nennt. Somit entsprach ihr damaliger Siedlungsraum dem heutigen Norden Niedersachsens. Möglicherweise haben sich germanische Stämme aus kriegerischen Gründen zum Bund der Sachsen vereinigt. Denn vom Kampf her erklärt sich der Name: Das Scramasax war eine Hieb- und Stichwaffe, vergleichbar mit Messer oder Schwert. Eine Seite der Klinge war scharf geschliffen. Die ältesten Saxe stammen aus Skandinavien und wurden dort bereits im 4. Jahrhundert vor unserer Zeit verwendet. Der Sax-Gebrauch zog sich bis etwa zum Jahre 1000 hin. Dann verlor sich die Sitte, diese Schwerter den Kriegern ins Grab beizulegen, man war auf andere Waffenarten umgestiegen. Der Name Sachs jedoch erhielt sich bei den Kampfgenossen.

Durch Landnahme und Seeräuberei erweiterten die Sachsen in Gallien und Britannien ihre Einflusssphäre. Oft tauchte nun ihr Name in den Annalen auf, manche Historiker sehen sie als Vorfahren der Wikinger. Die Römer, um ihr Reich in Sorge, befestigten das Ufer am englischen Kanal und nannten es Litus Saxonicum – »Sächsische Küste«. »Die zahlreichen über See erfolgten Fahrten, die häufig genug von Erfolg gekrönt waren und schließlich zur Indienstnahme sächsischer Söldner in die römische Armee führten, machten den Namen der Sachsen als kühne, gefolgschaftlich organisierte Seefahrer auch bei ursprünglich nicht ihnen zugehörigen Bevölkerungsgruppen im Hinterland Britanniens derartig attraktiv, dass sie offenbar laufend Zuzug erhielten. Im modernen Sprachgebrauch würden sie als Trendsetter ihrer Zeit und ihrer Region bezeichnet werden.«

Mit anderen nordischen Stämmen wie den Angeln und den Jüten besetzten Sachsen im 5. Jahrhundert die von den Römern verlassenen Inseln der Kelten und gründeten unter anderem die Königreiche Wessex, Sussex und Essex – Westsachsen, Südsachsen und Ostsachsen. Das gesamte Britannien nannte man fortan auch nach den dort lebenden Angelsachsen. Das von vielen Sachsen verlassene Territorium auf dem Festland besiedelten die Friesen, mit denen auch die Angelsachsen Handel trieben. Für die Auswanderer war das nunmehrige Friesland ihr »Altsachsen«. Doch nicht alle Sachsen waren fortgezogen, so dass Niedersachsen seinen Namen rechtens trägt. Allerdings existiert kein Obersachsen, das »Nieder« leitet sich von Flussläufen wie Niederrhein und Niederlande ab.

Karl der Große (ca. 747–814) führte zur Vergrößerung seines Reiches die Sachsenkriege. Doch leisteten die Sachsen sehr aktiven Widerstand. Die Landnahme dauerte 33 Jahre und wurde sehr brutal geführt. In Verden an der Aller ließ der König angeblich 4500 Sachsen morden, weil sie sich der christlichen Taufe verweigerten. 804 war Nordelbien endlich erobert, und ein eigenes Stammesrecht, das Lex Saxonum, etabliert. Doch überlebten der Sachsen Selbstvertrauen und viele ihrer Eigenheiten. Nach dem Zerfall des Riesenreichs Karls des Großen kam das Volk erneut zu Einfluss und Macht. Ab 919 regierten reichsweit Sachsenkönige und -kaiser wie Heinrich I. und ihm nachfolgend die Ottonen. »Der Aufstieg und Erfolg der Sachsen von einem unterworfenen und zwangsmissionierten Volk hin zum führenden Reichsvolk innerhalb eines Jahrhunderts nach der Unterwerfung gehört zu den bemerkenswertesten historischen Entwicklungen des Mittelalters.« Unter Heinrich dem Löwen erreichte das Stammherzogtum Sachsen seine größte Ausdehnung und umfasste ganz Nordwestdeutschland bis hin zu Mecklenburg.

Nachdem Heinrich der Löwe (ca. 1130–1195) entmachtet worden war, zerfiel das große Sachsenreich, wurde verschenkt, vererbt und aufgeteilt.

1422, nach dem Aussterben der sächsisch-wittenbergischen Linie der Askanier, fielen das Herzogtum und die Kurwürde dem Markgrafen von Meißen zu. Mit der Machtübernahme Friedrich des Streitbaren war der Name Sachsen nunmehr den Wettinern und dem mitteldeutschen Lande eigen und vereinnahmte ein neues Volk. Um Verwechslungen vorzubeugen, legte Kaiser Maximilian 1512 für das »alte Sachsen« den »niedersächsischen Reichskreis« fest. In ihrem Sächsischen Stammbuch verwiesen die Wettiner auf eine Schar illustrer Vorfahren wie Alexander den Großen, Arminius und Widukind. Doch blieb sich das Wettiner Sachsenland nicht einig. Erbfolge und Kriege führten letztlich zum Freistaat, den wir heute Sachsen nennen.

Sachsen, Niedersachsen, Angelsachsen sind ein Volk – ein Irrtum also, aber nicht so ganz.

In Sachsen leben Sachsen

Irrtum! *Aber* ...

... natürlich wohnen zunächst die Sachsen in Sachsen. Doch die Zahl der in Sachsen lebenden Ausländer stieg 2015 um 41 686 bzw. 35,6 Prozent. Dagegen ist die Zahl der Deutschen um 12 109 Personen bzw. 0,3 Prozent gesunken. Zum Jahresende 2015 hatte Sachsen damit einen Ausländeranteil von 3,9 Prozent.

Auch wenn es derzeitige Schlagzeilen vergessen lassen – Sachsen waren und sind stolz auf ihre aus fernen Ländern Zugezogenen und geben Verfolgten seit jeher Asyl: Nikolai Putjatin baute in Kleinzschachwitz, Gaetano Chiaveri die Kathedrale Dresdens. Canaletto malte. Edvard Grieg, Jon Leifs und Leoš Janáček, Artur Seymour Sullivan und Taki Rentarō, Mykola Lysenko und Dmitri Schostakowitsch, Stevan Mokranjac komponierten. Herbert Blomstedt, Fabio Luisi, Vaclav Neumann dirigierten. Charlotte Basté sang. Dostojewski schrieb und Casanova berichtete. Józef Ignacy Kraszewski verfasste die großen Sachsenromane. Wladimir Putin spionierte. Eine Ungarin wurde zur Gustel von Blasewitz. August der Starke liebte die Türkin Fatima Kariman. Der berühmte Hofnarr Fröhlich stammte aus Altaussee, Österreich. Schweizer erfanden den Sachsen die Sächsische Schweiz. Wissenschaftler aller Welt studier(t)en, lehr(t)en, forsch(t)en an Sachsens Universitäten. Ohne Ausländer wäre Sachsen nicht zu denken.

Aber nicht nur das Volk der Sachsen hat in Sachsen seine Heimstatt. In der Oberlausitz lebt neben Deutschen die nationale Minderheit der Sorben. Westslawen siedelten einst zwischen Oder und Dnepr. Im Zuge der großen Völkerwanderung zogen sie ins Land von Erzgebirge bis Ostsee. Die

Stämme trugen die Namen Lusici und Milceni. Der Stamm der Surbi wird vom fränkischen Chronisten Fredegar erstmals im Jahre 631 erwähnt. Unter Heinrich I. wurden die Sorben im Jahre 932 von den Franken unterworfen. Vielleicht ist dies Sage, aber alsbald sprach man vom Volk der Sorben. In Oberitalien siedelten in jener Zeit die Venedi. Ein Schreibfehler römischer Behörden machte aus allen ost- und südeuropäischen Ländern, die keinen eigenen Staat besaßen, die Wenden. So war die Doppelbezeichnung der Wenden/Sorben entstanden. Heute gibt es ungefähr 60 000 Menschen, die zum sorbischen Volke zählen. Sie leben in der Nieder- und Oberlausitz, zwei Drittel von ihnen im Dreieck der Städte Kamenz und Bautzen und Hoyerswerda. Zwölf Prozent beträgt ihr Anteil an der sächsischen Gesamtbevölkerung. Noch 1880 umfasste ihr Siedlungsgebiet weitere Teile südlich und östlich von Bautzen, und Trachten und Bräuche prägten das öffentliche Erscheinungsbild. Manches an Tradition hat sich erhalten. »Sprache ist Gottesgeschenk.«

Der Einfluss der Klöster Marienstern und Marienthal auf das umliegende Land sorgte dafür, dass sich in der Oberlausitz die sorbische Sprache weit besser erhielt als in der brandenburgischen Niederlausitz. Kruzifixe am Wegesrand und Marienbildnisse zeugen von tiefer Volksfrömmigkeit. Das Osterreiten als religiöse Prozession verkündet die Auferstehung Jesu in Stadt und Land. Brauch und touristische Attraktion sind Volkstanz, Eiermalen und Vogelhochzeit.

Die sorbische Literatur behielt ihren eigenständigen Charakter und ihre Protagonisten: Jakub Bart-Ćišinski, Jurij Brězan, Kito Lorenc, Róža Domašcyna. Die Sagengestalten Krabat, Připołdnica, Wódny Muž und Zmij dominieren Erzählungen, Legenden und bildnerisches Schaffen bis in die Gegenwart unter anderem von Měrćin Nowak-Njechorński, Jan Buck, Jěwa Wórša Lanzyna. Heute pflegen Institutionen wie die Domowina als Dachverband der sorbischen Vereine, Verlage und Theater sorbisches Brauchtum. Der MDR spricht obersorbisch in Radio und TV. »Müssten die Sorben nicht glücklich sein? Der Ministerpräsident Sachsens heißt Stanisław Tillich und stammt aus Panschwitz-Kuckau. Ein ›deutscher Politiker sorbischer Nationalität‹, so steht es in den Lexika. Das macht die Sorben stolz. Aber es hilft ihnen nicht bei ihrem Demographieproblem: Selbst David Statnik, der Chef der Domowina, hat wenig Hoffnung, dass es seine Sprache in einigen Jahrzehnten noch geben wird.«

Im Einigungsvertrag vermerkt die Protokollnotiz Nr. 14 zu Artikel 35 die Bestandssicherung des sorbischen Volkes. »Das Bekenntnis zum sorbischen Volkstum und zur sorbischen Kultur ist frei. Die Bewahrung und Fortentwicklung der sorbischen Kultur und der sorbischen Traditionen werden gewährleistet. Angehörige des sorbischen Volkes und ihre Organisationen haben die Freiheit zur Pflege und zur Bewahrung der sorbischen Sprache im öffentlichen Leben. Die grundgesetzliche Zuständigkeitsverteilung zwischen Bund und Ländern bleibt unberührt.« Noch singt man die sorbische Hymne in Sachsen. Noch weht die sorbische Flagge weithin.

In Sachsen leben Sachsen – ein Irrtum! Vielmehr ist Sachsen eines der Bundesländer, in denen nationale Minderheiten zu Hause sind.

Die Sachsen haben jeden Krieg verloren

Irrtum! *Aber …*

… es hält sich das Gerücht beharrlich, dass die Sachsen Kriege zu vermeiden suchten, und wenn sie denn doch ins Kampfgeschehen traten, prinzipiell auf des Verlierers Seite standen.

Vielen Sachsen ist die wahre Geschichte unvergessen, dass August der Starke 1717 Preußens Soldatenkönig Wilhelm I. 600 Soldaten schenkte, die für Preußens Gloria kämpften. Dafür erhielt der Kurfürst 151 Monumentalgefäße aus China-Porzellan. Die Dragonervasen werden heute als Beispiel für Sachsens Glanz in den Staatlichen Kunstsammlungen in Dresden ausgestellt Das Selbstbild des Volkes ist auf keine Weise militärisch, sondern vornehmlich kulturell geprägt.

Jedoch besaß das Sachsenland seit 1682 ein stehendes Heer, und wie in allen Armeen war den sächsischen Offizieren, Unteroffizieren und Mannschaften die Tradition der Truppe heilig. Als ersten großen Sieg der Sachsen betrachteten sie die Eroberung der Engelsburg in Rom im Jahre 998 durch den meißnischen Markgrafen Ekkehard I. (ca. 960–1002). Auch für die spätere Zeit konnten sie auf zahlreiche Siege verweisen, einige Niederlagen inklusive. Die Zäsur kam mit den drei Schlesischen Kriegen 1740–42, 1744/45, 1756–63. War Sachsen im ersten noch auf des Siegers Seite Preußen, so unterlag sie im zweiten durch Frontenwechsel. Der öffentliche Druck auf die Soldaten wuchs mit jeder Niederlage: im Juni 1745 bei Hohenfriedberg, im November bei Hennersdorf und im Dezember bei Kesselsdorf. 1756 erfolgte die Kapitulation der gesamten Armee bei Königstein. 1757 wurde Zittau belagert und total zerstört.

Es folgten die napoleonischen Kriege: Zu Beginn kämpfte die preußisch-sächsische Armee gegen die Franzosen und verlor 1806 bei Jena, Auerstedt und Saalfeld. Dann fügte man sich Napoleon, und der Kaiser erhob Sachsen zum Königreich. So wurden die Sachsen an Frankreichs Seite 1812 im Russlandfeldzug geschlagen. Und in der großen Völkerschlacht im Oktober 1813 wechselten sie viel zu spät die Seiten. »Den 16ten habe ich dem Feind vor Leipzig wieder eine Schlacht geliefert, 4000 gefangene gemacht, 45 Canonen ein ahdler und verschiedene Fahnen erobert, den 17. warff ich den Feind in Leipzig hinein, und nahm 4 Canonen, den 18. und 19. ist die größte Schlacht geliffert, die ni uf der erde stattgefunden hat 600.000 man kempfften mit einander, um 2 uhr Nachmittag nahm ich Leipzig mit Stuhrm, der König von Saxen und ville generalls der Franzosen wurden gefangen der Polnische Fürst Poniatowski Ertrank. 170 Canonen wurden erobert und gegen 40.000 man sind gefangen. Napoleon hat sich gerettet, aber er ist noch nicht durch«, notierte Generalfeldmarschall von Blücher. Im Verhandlungspoker des Wiener Kongresses zählte Sachsen zu den großen Verlierern, gab mehr als Territorium an die Preußen ab. Auch im Deutschen Krieg von 1866 wurden die Sachsen von den Preußen geschlagen. Spätestens seit diesem Jahr stand die sächsische Armee in so schlechtem Ruf, dass sie ihre hervorgehobene gesellschaftliche Stellung im Königreich kaum noch zu legitimieren vermochte. Preußen förderte die üble Nachrede: Sachsen hat nie einen Krieg gewonnen.

Doch standen Sachsen später auch noch auf der Gewinnerseite: Im Französisch-Deutschen Krieg 1870/71 gab es nach anderthalb Jahrhunderten wieder einen Sieg. Der Kronprinz und spätere König Albert (1828–1902) erlangte sogar Feldherrenruhm und wurde der erste Generalfeldmarschall des Deutschen Reichs, der nicht aus preußischer Familie stammte. Die darauffolgenden vierzig Jahre verliefen friedlich, und in der Wahrnehmung, auch der Sachsen selbst, wurde dieser letzte Sieg im Krieg von der Vielzahl der seit 1740 erlittenen Niederlagen überlagert.

Im Ersten Weltkrieg operierte die sächsische Armee faktisch nicht mehr allein, es gab eine gesamtdeutsche Armee. Aber der schlechte Ruf wurde ein letztes Mal öffentlich bedient. Der sächsische Oberst Richard Hentsch (1869–1918) berichtete dem Großen Generalstab über die Lage von der Marneschlacht 1914. Seine pessimistischen Berichte haben dazu beigetragen, dass diese entscheidende Operation erfolglos abgebrochen wurde. Dafür ist er persönlich angegriffen worden. Und obwohl ihn eine Untersuchungskommission entlastet hat, hieß es noch nach 1918: »Dor Saggse haddn Griesch verlorn.«

Das ist nachgewiesenermaßen ein Irrtum! Aber wohl wahr, echten Kriegsruhm haben Sachsen nie erlangt.

Sachsenspiegel – der Handspiegel für unterwegs

Irrtum! *Aber* …

… man behauptet, »dass in Sachsen die schönen Mädchen auf den Bäumen wachsen«, deshalb besitzen Spiegel hierzulande große Tradition.

Da die Redensart seit langer Zeit gebräuchlich ist, ist's fraglich, ob sie den Bewohnerinnen des heutigen Freistaates gewidmet war. Hildesheimerinnen beanspruchen, gemeint zu sein, auch die Einwohnerinnen von Celle. Bekanntlich liegen beide Städte in Niedersachsen. Die Chronik aber berichtet diesbezüglich von einem Zelle mit dem Buchstaben Z, und das ist heute ein Ortsteil von Aue. Zweifellos liegt die Stadt Aue inmitten des Erzgebirges. Damit wären denn doch die hiesigen Frauen die schönen. Die Beschreibung trifft alleweil zu: »Glänzend lichtbraunes Haar; dunkelbraune, stark bewimperte Augen; geschwungene Brauen; eirundes Gesichtchen, rein und idealisch; schlanker Wuchs, etwas über mittelgroß, die ›treffliche Größe‹, wie Goethe sagt; die Formen rund; die Hüften anmutig geschwungen; der Gang auf zierlichem Fuße leicht und graziös. Dabei sprechen diese Schönheiten das beste Deutsch, wohltönend, voll, ohne Dialekt. Selbst die Mädchen und Weiber auf dem Lande sehen schmucker aus denn anderwärts. Sie tragen: saubere Schuhe und Strümpfe; entweder schwarze oder rote, der Länge nach grün- und braungestreifte, mit breitem grünen Rande besetzte Röcke, welche die Waden nicht allzu sorgfältig verbergen; dazu ein schwarzes Mieder mit kurzen Ärmeln, um welche zierlich der Aufschlag des Hemdes gelegt ist, dessen überfallender Brustteil fein gefältelt Schulter und Nacken deckt.« Zweifellos nahmen solch Mädchen auch Spiegel zur Hand.

Sächsische Burgen und Schlösser besaßen ganze Räume von Spiegeln. Schloss Hartenfels in Torgau hat eine Spiegelstube. Spiegelsäle beherbergen unter anderem die Schlösser in Gaußig und Rammenau. Mit Spiegeln hinterlegte August der Starke seine Pretiosen im »Grünen Gewölbe«. Doch als »Sachsenspiegel« werden sie allesamt nicht bezeichnet. *Der Spiegel* erscheint wöchentlich seit 1947, er berichtet wohl auch über Sachsen, wird aber in Hamburg herausgegeben, ursprünglich hat er nichts mit dem Freistaat gemein. Der MDR sendet tagtäglich um 19 Uhr das Regionalmagazin »Sachsenspiegel«.

Der eigentliche *Sachsenspiegel* wurde zwischen 1220 und 1230 verfasst und gilt als das älteste Rechtsbuch der Deutschen. Er ist vor allem das Werk des Eike von Repgow (ca. 1180–1235) und von historisch großer Bedeutung.

Möglicherweise hat das Eindringen von römischem, langobardischem und kanonischem Recht zur Aufzeichnung der heimischen Gewohnheitsrechte angeregt. »Als Berater wollte Eike von Repgow angesichts des Streits zwischen Staufern und Welfen, zwischen Kaiser und Papst und der stattfindenden Kolonialisierung des Gebiets östlich der Elbe zum Rechtsfrieden beitragen.« Zum Schreiben veranlasst hat ihn Graf Hoyer von Falkenstein (1211–1250).

> Nun danket al gemene
> Deme van Valkenstene,
> De greve Hoier is genant,
> dat an dudisch is gewant
> Dit buk dorch sine bede:
> Eike van Repchove is dede.

Ob er das Werk auch im östlichen Harzvorland verfasste, ist nicht belegt, aber in der Burg Falkenstein erinnert man sich seiner mit einer Ausstellung. »Vernunft und göttliche Wahrheit bilden die Maßstäbe, an denen Eike das heimische Gewohnheitsrecht misst. Wie andere Specula des Mittelalters, so zeigt auch der *Sachsenspiegel* nicht bloß ein Abbild, sondern ist zugleich Vorbild.« Als Handbuch für Landrecht und Lehnrecht, Eigentumsrecht an Grund und Boden, Erbrecht, Ehestands-, Straf- und Nachbarschaftsrecht wirkte er bis weit hinein in den Osten, bis nach Krakau, Lemberg, Kiew, Minsk, Wilna, Riga, Reval und Thorn. Vier überlieferte Handschriften des Werkes sind reich bebildert. »Diese vier Codices sind zwischen 1295 und 1371 angefertigt worden. Bei aller Unterschiedlichkeit verbindet sie doch die charakteristische und in dieser Form einzigartige Kombination aus Bild und Text. Jede Seite ist in eine Bild- und Textspalte aufgeteilt, die einander wechselseitig erhellen und deren Teile durch Initialen sichtbar verbunden sind.« Die Dredner Bilderhandschrift wurde bereits 1574 im ersten kurfürstlichen Bibliothekskatalog verzeichnet. Aus konservatorischen Gründen zeigt die Schatzkammer des Buchmuseums diesen *Sachsenspiegel* nur sechs Wochen im Jahr.

Der Sachsenspiegel als Handspiegel für unterwegs – ein irreführender Irrtum. Der *Sachsenspiegel* schaffte vor 800 Jahren Rechtssicherheit, die bis heute nachwirkt.

Das kleinste und das nördlichste Weinanbaugebiet Deutschlands: Meißen

Irrtum! *Denn* …

… das Meißner Weingebiet liegt auf Breitengrad 51° 06' 41"
und das an Saale/Unstrut bei 51° 12' 44", also nördlicher.
Und nur im traditionellen Verständnis gelten die beiden klassischen Weinanbaugebiete Ostdeutschlands als die nördlichsten der Welt. Der 52. Breitengrad gilt als der Polarkreis, hinter dem Wein nicht mehr gedeihen kann. Wobei Ausnahmen diese Regel bestätigen. Der Wachtelberg nahe Werder/Havel ist die weingesetzlich weltweit nördlichste Reblage. Aber auch in Hamburg und der Holsteinischen Schweiz sind Weinstöcke angepflanzt. Der nördlichste der nördlichen in Deutschland wäre bei 54° 54' 29" auf Sylt. Doch den Titel des nördlichsten Anbaugebiets weltweit beanspruchen auch Winzer in Schweden, Finnland, Dänemark, selbst in Alaska.

Ähnlich verhält es sich mit dem Superlativ des kleinsten Weinanbaugebiets. Laut Statistischem Landesamt Sachsen beträgt die Ertragsrebfläche bei Meißen 421 Hektar, das sind 0,4 Prozent der Deutschlands. Der Durchschnittsertrag liegt bei 44,3 Hektolitern pro Hektar. Das durchschnittliche Mostgewicht beträgt 76,0° Oechsle. Jedoch variieren diese Werte und können nur jahrgangsweise verglichen werden. Sehr zum Wohle.

Weine aus dem Meißner Gebiet haben lange Tradition. Bereits die Chronik des Thietmar von Merseburg belegt den Weinanbau im Elbtal 929. Den Überlieferungen zufolge hat der sagenhafte Bischof Benno von Meißen (ca. 1010–1106) den ersten Rebstock in dieser Breite angepflanzt. Als Kötzsch-bergisches Weingebirge wurde es 1271 erwähnt. 1373 ließ der Meißner Bischof Konrad II. von Kirchberg-Wallhausen auf dem Zitzschewiger Bischofsberg eine Presse mit Weinkeller errichten und kelterte kontinuierlich. Fortan sind »Meißner Weine« Markenname.

»Die Lößnitz ist ein gewisser Strich, da lauter hohe Gebirge seyn, die köstlichen Wein tragen, und weil die Churfürstli-chen Berge auch allda liegen, wird diese Gegend genennet die Hoffe-Lößnitz. Und dieser Lößnitzwein ist auch der beste im gantzen Land, der in guten Wein-Jahren dem Franken-Wein vorzuziehen, dem Rhein-Wein aber gleich zu achten ist«, meinte Christian Gerber anno 1717. Die Wettiner hatten den Weinanbau zur Weinkultur erhoben und wussten ihn wirt-schaftlich auch über die Landesgrenze hinaus zu nutzen. Kur-fürst Christian I. erließ am 23. April 1588 mit der »Weinge-bürgsordnung« das erste Regelwerk. Anfang des 17. Jahrhun-derts wurden Winzer aus Schwaben an die Elbe geholt, um Anbaumethoden »nach Württemberger Art« einzuführen, wie die Terrassierung der Steillagen durch Trockenmauern. Das kleinste (!) Weinanbaugebiet Deutschlands entstand. 1739 wurde in Meißen die erste Weinbaugesellschaft gegründet.

Bau- und Bergschreiber in den kurfürstlichen Weinbergen war ab 1661 Johann Paul Knohll. 1667 verfasste er im Auf-trag des Kurfürsten das *Klein Vinicultur-Büchlein* und mit ihm das erste Standardwerk der sächsischen Winzerei. Darin wird der Kanon der 24 feststehenden Regeln von vorgeschriebenen Weinbergsarbeiten ausführlich erläutert und mit eigenen Er-fahrungen ergänzt. Allein sein Titel ein Sprachschatz:

Klein Vinicultur-Büchlein / Das ist Kurtzer Inhalt und Unterricht des Weinbaues / Wie solcher im Ober-Sächsischen / und meistens im Meißnischen Creysse / nach hiesiges Landes-Art gepfleget / und iedesmal mit seinen sonderlichen Arbeiten bestellet werden soll /

Nach Anleitung der Churfürstl. Sächs. hierbey befindlichen Wein-
gebürgs-Constitution. Allen Hauß-Vätern / so mit dergleichen zu
thun / besitzen / umgehen / sich gebrauchen / und darvon nehren /
zu einen sonderbaren Nutzen und Besten / theils und meistes aus
eigner nachgesonnener / theils auch von alten Hauß-Vätern erlern-
ter Erfahrung / ein- und zusammengetragen / Von Johann Paul
Knohllen / Bau- und Bergschreibern, in der Churfürstl. Sächs. Löß-
nitz bey Dreßden / an Dero Berg- und Lust-Hause uff der Wein-
preße daselbst. Mit Churfürstl. Sächs. Freyheit. Gedruckt durch
Melchior Bergen / Churfürstl. S. Hof-Buchdrucker / 1667.

Nicht bei allen Winzern war Knohlls Lehre wohlgelitten.
Trotzdem erlebte das Buch Auflage um Auflage. Ein Bestseller, der sich auch im Wettbewerb der längsten Buchtitel sehr
weit vorn einreihen dürfte.

Das kleinste und das nördlichste Weinanbaugebiet Deutschlands: Meißen – Irrtum, hie wie da! Jedoch sind die »Meißner
Weine« bei 13°49'76" im Längengrad die in Deutschland am
östlichsten angebauten. Obwohl, wer weiß … darauf einen
guten Schluck!

Die Leipziger Universität ist die zweitälteste in Deutschland

Irrtum! *Allerdings …*

… steht fest, Leipzig hat eine der ältesten Universitäten in deutschen Landen. Am 9. September 1409 unterzeichnete Papst Alexander V. die Gründungsbulle.

»Mein Leipzig lob' ich mir, es ist ein klein Paris und bildet seine Leute«, grölen die Studenten in Auerbachs Keller, als Mephisto Faust ins wahre Leben führte und puren Wein aus allen Tischen fließen ließ. *Der Tragödie Erster Teil* hat den Ruf der Universitätsstadt Leipzig entscheidend mitgeprägt. Derzeit sind 30 000 Studenten eingeschrieben.

Ein Streit zu Prag gab Leipzig eine Universität. Unter Karl IV. war die Stadt an der Moldau das Zentrum des Heiligen Römischen Reiches geworden und zählte somit zum damaligen deutschen Staatsgebilde. 1348 wurde dort die erste Universität »nördlich der Alpen und östlich von Paris« gegründet. Zu Beginn des 15. Jahrhunderts gab es in Prag politische Differenzen: Per Kuttenberger Dekret änderte König Wenzel die gleichberechtigten Stimmen von Bayern, Polen, Sachsen und Böhmen an der Universität zugunsten der Böhmen. So verließen Bakkalare, Magister, Lizentiaten und Doktoren der drei anderen Nationen die Stadt. Auch die deutschen Intellektuellen orientierten sich neu, nicht alle ließen sich in Leipzig nieder. Noch im Gründungsjahr übertrugen die Landesherren der Alma Mater Lipsiensis Immobilien, das Große Fürstenkolleg befand sich in der Ritterstraße. Bereits im ersten Semester konnte Rektor Mag. Johannes Otto von Münsterberg 389 Akademiker und Studenten in die Matrikel schreiben. Offiziell wurde Leipzigs Universität am 2. Dezember 1409 eröffnet.

Fakt: Die älteste Universität in deutschen Landen ist die Ruprecht-Karls-Universität zu Heidelberg. »Am 23. Oktober 1385 genehmigt Papst Urban VI. die Errichtung der Universität durch Pfalzgraf und Kurfürst Ruprecht I. Der Lehrbetrieb an den zunächst drei Fakultäten Theologie, Jurisprudenz und Philosophie beginnt ein Jahr später, am 18. Oktober 1386, zwei Jahre später folgt die der Medizin.«

Als vierte Universität im Heiligen Römischen Reich wurde nach Prag, Wien und Heidelberg die in Köln gegründet. »Die Initiative dazu ging nicht wie sonst üblich vom Kaiser oder einem Fürsten aus, sondern vom Rat der Freien Reichsstadt Köln, die auch die Kosten für den Lehrbetrieb übernahm und sich umfangreiche Vorteile für die Belebung der Stadt erhoffte.« Sie besaß guten Ruf und Größe. 1798 beendeten die einmarschierten Franzosen den Lehrbetrieb. Neu gegründet wurde sie 1919 – am 29. Mai unterzeichnete Oberbürgermeister Konrad Adenauer den Staatsvertrag mit Preußen.

1389 wurde in Erfurt eine Universität errichtet und 1392 eröffnet. Infolge der napoleonischen Befreiungskriege wurde die Stadt Preußen zugesprochen. 1816 waren noch zwanzig Studenten eingeschrieben, König Friedrich Wilhelm III. löste die Universität auf. Die Akademie gemeinnütziger Wissenschaften in Erfurt und der Verein für die Geschichte und Altertumskunde versuchten, den universitären Geist im städtischen Gedächtnis zu halten. Die DDR gab der Stadt eine Medizinische Akademie und eine Pädagogische Hochschule. Der Freistaat legte zusammen, und 1994 öffneten die Pforten der Alma mater Erfordensis wieder.

Die vierte, 1402 gegründete Universität Würzburg stellte ihren Lehrbetrieb jedoch nach 28 Jahren mit dem Tod ihres Gründers und Fürstbischofs ein, bevor sie 1582 ihre Pforten erneut Studenten öffnete.

Die Leipziger war also die fünfte Universitätsgründung auf dem heutigen Territorium Deutschlands, und sie wäre es noch, hätten nicht Köln, Erfurt sowie Würzburg mehr als hundert Jahre auf ihren Lehrbetrieb verzichten müssen.

Der Ruf der Leipziger Universität stand nicht ausschließlich für die Freiheit des Denkens, und nicht immer vermochte sie es, sich politischer Einflussnahme zu entziehen. Luther musste aufgrund des an der Leipziger Universität herrschenden Konservatismus disputieren. Bizarr erscheint auch der Akt der Namensgebung Karl-Marx-Universität im Jahre 1953. Parteigenossen setzten den Philosophen Marx gegen Gottfried Wilhelm Leibniz durch, der »letzte Universalgelehrte« hatte in seiner Geburtsstadt studiert, doch hatte man ihm hier die weitere geistige Entwicklung verwehrt. Auch andre Namen traten aus der universitären Anonymität: Tycho Brahe, Novalis, Erich Kästner, Karl Liebknecht, Paul Ehrlich, Friedrich Nietzsche, Carl Friedrich von Weizsäcker, Lothar Bisky, Samuel Hahnemann, Hans-Dietrich Genscher, Otto von Guericke, Angela Merkel, …

Die Leipziger Universität ist die zweitälteste in Deutschland – ein Irrtum, wenn man sich auf die Gründungsdaten beruft. Der Lehrbetrieb am Hohen Hause jedoch ist in Deutschland der zweitlängste.

Die Festung Königstein wurde nie erobert

Kein Irrtum! *Doch …*

… hat auch niemals eine Kriegspartei versucht, den Fels im Elbsandsteingebirge unter Kanonendonner einzunehmen. Die Festung fiel Gegnern im Kriegsgeschehen kampflos zu. So nimmt es nicht Wunder, dass man mit dem Slogan werben kann: »Festung Königstein – schon erobert?« Sagenhaft.

> Die Alten sagen's den Jungen
> So gehen die Geschichten rund
> Und von der alten Feste
> Sind viel' im Volkesmund.

Es gibt Orte, die unter ihren Sagen fast verschwinden. Die Festung Königstein ist Mythos, Legende, Museumsort. Bereits 1692 rühmte man sie als »Zierde und Krone« des Sachsenlandes:

> Du lüsternds Auge
> Komm in Meißnische Revieren
> Und lasse nur Begier zu Wunder-Dingen spühren
> Da wird dir kommen für der ädle Königstein
> Desgleichen anderswo wird nicht zu finden seyn.

Sagenhaft: 240 Meter über dem Elbfluss erhebt sich das Plateau des Tafelbergs. 42 Meter fallen die steinernen Wände senkrecht nach unten. Bereits im 13. Jahrhundert hatte man ihre strategische Lage erkannt und eine Burg auf ihnen erbaut. 1408 brachte der Markgraf von Meißen sie endgültig in wettinischen Besitz und vergaß sie. 1589 ließ Kurfürst Christian I. den hohen Fels zur Festung ausbauen. Klüfte und Spalten wurden mit Mauern verfüllt, sie wirken wie mit dem Gestein verschmolzen.

Man erzählt gern, keinem Feind sei es gelungen, den Königstein einzunehmen. Wohl wahr, doch war es nie nötig, Kämpfe zu führen: Die Sachsen hatten schon vorher kapituliert. Besetzt hatten den Königstein Preußen, Franzosen, Russen, Sowjetsoldaten. Strategisch war er nie von Bedeutung. Aber es sagt sich gut: »Die Krone Sachsens ist vollendet – gerüstet gegen jeglichen Angriff.« Sagenhaft: Dem Schornsteinfeger Sebastian Abratzky (1829–1897) gelang es als Einzigem, von unten her über die Mauer zu steigen.

Als Gefängnis förderte die Festung selbst ihren Mythos. Knapp 1000 Inhaftierte verzeichnen die Bücher. Namhafte saßen in ihren Zellen. Johann Friedrich Böttger experimentierte hinter den Mauern. Der Anarchist und Revolutionär Michail Bakunin saß hier ein: »Wenn Gott existiert, ist der Mensch ein Sklave; der Mensch kann und soll aber frei sein.« Andersdenkende wie August Bebel und Fritz Heckert hat man inhaftiert, aber auch die Satiriker Frank Wedekind und Thomas Theodor Heine. Mehrmals diente die Festung als Kriegsgefangenenlager für ranghohe Offiziere. Sagenhaft: Am 17. April 1942 gelang Henri Giraud (1879–1949) die Flucht vom Berg. Er flocht Bindfäden zum Seil, wob darein den Kupferdraht, den seine Frau im Päckchen geschickt hatte, lernte akzentfrei Deutsch und prägte sich die Landschaft mit Hilfe einer Karte ein. Weder Deutsche noch Franzosen konnten die Geschichte glauben. Der General blieb umstritten, seinen Coup erzählt man gern.

Unbestritten: Lage und Blick vom Fels sind einzigartig, und neuneinhalb Hektar Festung suchen ihresgleichen. Ein Brun-

nen wurde 1563 gegraben. Mit 152,5 Metern ist er der zweit-
tiefste Europas. 15,5 Sekunden braucht's, um unten aufzu-
schlagen. Ein formidables Brunnenhaus umkleidet das Erd-
loch. Der Wallgang ist 1800 Meter lang. Das größte Weinfass
aller Zeiten, in das 2386 Hektoliter passten, ward hier oben
wohl gefüllt. Allein vom Fass existieren nur noch Kupfersti-
che.

Noch sagenhafter war der Page Carl Heinrich von Grunauer
und Glauche (1637–1744), der: »Einst im Weinrausch

> Im Fensterbogen schlief.
> Gleich neben ihm der Abgrund,
> Der gähnt unten schaurig tief.
> Der Churfürst läßt ihn leise
> Ans Fenster binden fest,
> Worauf er durch Trompeter
> Alsdann ihn wecken läßt.
> Der Schläfer mit Entsetzen
> Schaut seine Lagerstätt'
> Noch heute heißt im Volksmund
> Das Fenster: Pagenbett.«

Die Festung versorgte sich selbst. Handwerker versahen auf
dem Plateau ihren Job. Allbekannt ist das Spottlied darüber.

> Auf der Festung Königstein, juppheidi, juppheida,
> muss doch auch ein Bäcker sein, juppheidiheida
> Bäcker schlägt die Fliegen tot
> und macht daraus Rosinenbrot, juppheidi und juppheida.

> Auf der Festung Königstein, juppheidi, juppheida,
> muss doch auch ein Fleischer sein, juppheidiheida.
> Der Fleischer ist ein dummer Kerl,

er sticht die Schweine mit dem Quirl, juppheidi und juppheida.

Auf der Festung Königstein, juppheidi, juppheida,
muss doch auch ein Schuster sein, juppheidiheida.
Er isst den Leim mit Hochgenuss,
drum leidet er an Darmverschluss, juppheidi und juppheida.

Die Festung Königstein wurde niemals erobert – kein Irrtum,
aber Geflunker. Juppheidiheida. Sagen erzählen sich gut. Den
Königstein aber zu betreten ist ein Erlebnis und bleibt unver-
gesslich.

Die Sachsen hoffen auf ihre Wiedervereinigung

Irrtum! *Aber …*

… stets wieder wird darüber diskutiert, ob sich die Bundesländer Sachsen, Thüringen und Sachsen-Anhalt nicht zu einem vereinigen. Was beim Mitteldeutschen Rundfunk funktioniert, könnte auch politisch einen Vorteil bieten, verwaltungstechnisch ohnehin. Zur Begründung führt man die Geschichte an, in der fast das gesamte Sendegebiet des MDR einmal Sachsenland gewesen ist. Tatsächlich − negieren kann man dieses Faktum nicht.

Friedrich der Streitbare (1370–1428), auf den 1423 der Landesname Sachsen kam, war als Regent Markgraf von Meißen, Landgraf von Thüringen sowie Herzog, Kurfürst und Pfalzgraf von Sachsen. Nach seinem Tod wurde er als Erster des Wettiner Herrschergeschlechtes in der Domkapelle zu Meißen beigesetzt.

Friedrichs Söhne Friedrich der Sanftmütige (1412–1464) und Wilhelm der Tapfere (1425–1482) stritten sich um sein Erbe. Der Plan der Altenburger Teilung sah vor, das Sachsenland gerecht zu spalten in die Markgrafschaft zu Meißen und andrerseits in Thüringen und die sächsischen Besitzungen in Franken. Friedrich der Sanftmütige hatte die Wahl und wählte den Westen, was den Plänen von Wilhelm dem Tapferen zuwiderlief. Er bestand auf die Regentschaft dieses Landes. In Folge kam es zum fünf Jahre dauernden, erbittert geführten Sächsischen Bruderkrieg. Der Naumburger Frieden sprach endlich am 27. Januar 1451 Wilhelm das von ihm gewünschte Territorium zu. Es herrschte eine Zeitlang Ruhe. Jedoch hinterließ Wilhelm der Tapfere, Herzog von Sachsen, keine Söhne, so dass sein Besitz im Jahre 1482 den Nachkommen seines Bruders Friedrich, Ernst (1441–1486) und Albrecht (1443–1500), zufiel.

Ernst und Albrecht, die beiden Landesfürsten, fassten den Entschluss, ihr vergrößertes Reich nun gerecht zu teilen. Ernst oblag es, die Territorien festzulegen, Albrecht wählte danach sein Herrschaftsgebiet. Die Grenzen sollten ähnlich wie die der Altenburger Teilung verlaufen. Albrecht der Beherzte entschied sich für den Osten, »die Markgrafschaft Meißen, den nördlichen Teil des Pleißner- und Osterlandes um Leipzig, das nördliche Thüringen, die Vogtei über die Bistümer Merseburg und Quedlinburg sowie die Hoheit über die restlichen Thüringer Grafen. Ernst übernahm ohnehin als Älterer das mit der Kurwürde verbundene Herzogtum Sachsen-Wittenberg, außerdem bekam er eine Hälfte der Pfalz Sachsen, das Vogtland, die wettinischen Teile Frankens um Coburg, den südlichen Teil des Pleißner- und Osterlandes um Altenburg, die Vogtei über das Bistum Naumburg sowie die Hoheit über die Grafen von Gleichen, Kirchberg und die Reußen.« Weniges blieb im gemeinsamen Besitz der Brüder: die Vogtei des Bistums Meißen, die Bergstädte, die Bibersteinschen Herrschaften sowie die Hoheit über die Städte Mühlhausen, Nordhausen und Erfurt. Am 26. August 1485 unterschrieben sie den Präliminärvertrag, als Leipziger Teilung ging er in die Geschichte ein. Durch die Erbfolge und eine Vielzahl an Söhnen zerteilte sich das Ernestinische Sachsen mehrmals, kleine und kleinste Herrschergebiete entstanden und fusionierten wieder. Die Kleinstaaterei wurde 1826 zugunsten von vier Herzogtümern aufgehoben: Sachsen-Altenburg, Sachsen-Weimar-Eisenach, Sachsen-Coburg und Gotha sowie Sachsen-Meiningen, deren Nachkommen in die Königshäuser Europas einheirateten. Die Albertinische Linie hingegen konnte ihr Land erblich zusammenhalten. Infolge des Schmalkaldischen Krieges und der Wittenberger Kapitulation erhielt der Albertiner Moritz von Sachsen (1521–1553) 1547 die Kurwürde, das Land gab sie nicht wieder her. Unter napoleonischem Koalitionszwang avancierte das Kurfürstentum gar zum Königreich, gehörte jedoch in der Völkerschlacht bei Leipzig zu den Verlierern und musste daraufhin fast zwei Drittel seines Territoriums an Preußen abtreten. Nach der Novemberrevolution des Jahres 1918 entstanden auf sächsischem Gebiet der Freistaat Sachsen und das Land Thüringen, existent bis 1952. Der Großteil der DDR-Bezirke Chemnitz, Dresden und Leipzig wurde 1990 zum neuen Bundesland Sachsen. Durch Abstimmung kamen einige Städte und Gebiete aus Brandenburg hinzu wie Weißwasser und Hoyerswerda. Einigen Gemeinden verwehrte man den Beitritt zum sächsischen Freistaat, Initiativen zu einer Wahlwiederholung gibt es immer wieder. Heute sind Sachsens Grenzen weiter gefasst als die des alten Königreiches. Der Kreis Altenburg, ehedem Bezirk Leipzig, wurde traditionsgemäß Thüringen zugesprochen.

Die Sachsen hoffen auf ihre Wiedervereinigung – Irrtum und politischer Wunschglaube, denn nach 400 Jahren Trennung hat man nunmehr wenig gemein. Jedenfalls bis zum Beweis des Gegenteils.

Erster Kindesentführer der Welt: ein Sachse

Irrtum! *Tatsächlich …*

… entführte Ritter Konrad von Kauffungen (ca. 1410–1455) jedoch im Jahre 1455 die Sachsenprinzen Ernst (14) und Albrecht (11) – jene Fürsten, die Sachsen dreißig Jahre später teilen sollten – aus dem Schlosse zu Altenburg. Er wollte damit Rache an Friedrich dem Sanftmütigen nehmen, denn Kauffungen glaubte, seinem Herrn treu gedient zu haben. Doch nun sah er sich von diesem in eine existentielle Krise gestürzt. Der Ritter fand, das Recht zur Fehde mit dem Landesherrn stehe ihm zu, zum anderen hatte er ohnehin nichts mehr zu verlieren.

Konrad von Kauffungen, genannt Kunz, entstammte der Familie von Kauffungen (heute Ortsteil von Limbach-Oberfrohna): verarmter Adel, der Ritterstand hatte längst seinen guten Ruf eingebüßt. Durch Heirat stieg Kunz in die Reihen der Getreuen von Friedrich dem Sanftmütigen auf und wurde wettinischer Amtmann im Amtssitz zu Altenburg. Persönlich erklärte Kunz Wilhelm dem Tapferen die Fehde und kämpfte im Sächsischen Bruderkriege (1446–1451) aufseiten Friedrichs gegen ihn. Dieser Kauffung war ein »kriegserfahrener, zum Kampf stets bereiter und unerschrockener Mann«. Er erlangte brutalen Ruf und sein Besitz wurde dem Erdboden gleichgemacht. Fürst Friedrich dankte dem Helden und schuf ihm für seine Taten materiellen Ausgleich. Er überließ Kunz Hab und Gut in Kriebstein und Schweikershain. 1451 brachten Verhandlungen den Naumburger Frieden, danach nahm Friedrich Kunz seine Gaben wieder fort. Dieser zog erbost vor

Gericht und verlor. »Erlauchter, hochgeborener Herr, wisse, daß ich wegen der Sache, die Ihr in meiner Schuldangelegenheit getan habt, Euer und aller Euren Feind sein werde.«

Kunz und seine dreißig Getreuen wussten die Prinzen in der Nacht vom 7. auf den 8. Juli 1455 fast unbewacht auf dem Altenburger Schloss, das Kunz als ehemaliger Amtmann gut kannte. Fürst Friedrich weilte außerhalb, der Hofstaat war zu einer Hochzeit geladen. Küchenjunge Hans Schwalbe ließ eine Strickleiter hinunter. Die Entführung glückte. Bei Entdeckung der Tat läuteten im ganzen Sachsenlande die Glocken und riefen zur Suche. Um bei der Flucht nicht aufzufallen, trennten sich die Entführer. Doch noch am selben Abend wurde Kunz mit Prinz Albrecht nahe dem Kloster Grünhain gestellt und in einen Zwickauer Kerker geworfen. Seine Komplizen ergaben sich wenige Tage später. Sie hatten sich in einem Bergwerksstollen bei Hartenfels versteckt, heute Prinzenhöhle genannt. Am 12. Juli überstellte man Kunz nach Freiberg, nach kurzem Prozess enthauptete man ihn zwei Tage später dort auf dem Marktplatz. Die Augen des steinernen Kopfes am Rathauserker blicken angeblich genau auf die Stelle, wo sein Kopf zum Liegen kam. Da ist auch heute der Pflasterstein blau. Dreimal drauf spucken bringt Glück.

Die schaurige Mär aus der sächsischen Landesgeschichte hinterließ noch andere Spuren. Immer wieder wird sie gern und ausführlich erzählt, gar am Originalschauplatz als Theaterstück aufgeführt. Teile der Strickleiter werden im Rathaus in Freiberg und im Schlossmuseum in Altenburg ausgestellt. Die überglückliche Mutter stiftete der Wallfahrtskirche in Ebersdorf einen Altar, was der Papst ihr bestätigte. Seine Urkunde wurde erstmals in der Schrift *Plagium Kauffungense* (1704) erwähnt, die die Geschichte der Entführung erzählt. Später wurde das päpstliche Schreiben als Fälschung entlarvt. Die hohen Herrschaften übergaben dem Gotteshaus die Kleider

der Jungen und die Kappe des Köhlers, der Kunz Kauffungen gefangen hatte. Diese sagenumwobenen Textilien werden noch heute in Ebersdorf aufbewahrt.

Zweifellos eine spektakuläre Kindesentführung, doch war sie nicht die erste der Welt. Bereits die Griechen wussten von Kindesraub zu erzählen: Gottvater Zeus entführte in Gestalt eines Adlers den schönen Hirtenknaben Ganymed. Medea stahl dem Vater die Kinder und servierte sie ihm als schmackhafte Mahlzeit. Man erzählt vom Rattenfänger zu Hameln, der eine ganze Stadt um den Nachwuchs brachte. Überhaupt nahmen sich Herren Kinder, wenn sie ihrer bedurften. Rechte besaßen sie nicht.

Also ein Irrtum! Der erste Kindesentführer der Welt war kein Sachse, der Altenburger Prinzenraub ist eine Geschichte von vielen.

Luther verteidigte seine Dissertation 1519 in Leipzig

Irrtum! *Aber ...*

... die Leipziger Disputation zwischen Dr. Martin Luther (1483–1546) und Professor Johannes Eck (1486–1543) schrieb Weltgeschichte. Luthers Thesenanschlag vom 31. Oktober 1517 an der Wittenberger Kirchentüre war der Auslöser der Reformation. Das Leipziger Streitgespräch im Sommer 1519 machte sie öffentlich und europaweit bekannt. Es war ein Spektakel. Ein Medienereignis. Worte werden zur Gewalt, die Gesellschaft ändert.

»Sobald der Gülden im Becken klingt im huy die Seel im Himmel springt.« Der Ablasshandel des Leipziger Dominikanermönchs Johann Tetzel (ca. 1460–1519) war 1517 der Grund für Martin Luthers Thesenanschlag. Darüber diskutierten fortan Theologen in akademischen Kreisen. Dr. Johann Mayer aus dem Orte Eck, nach dem er sich benannte, der Vizekanzler der Universität Ingolstadt, wurde Dr. Martin Luther zu einem der hartnäckigsten Gegner. Man beschloss, den Streit vor Publikum zu führen. Eck entschied sich für Leipzig, denn hier waren Universität und Rat für ihre strikte antireformatorische Haltung bekannt. Während die Leipziger Universitätsleitung der Disputation zustimmte, verweigerten ihre Theologische Fakultät und der Merseburger Bischof die Genehmigung. Erst die Befürwortung durch Herzog Georg den Bärtigen (1471–1539) ließ das Gespräch zustande kommen. Am 21. Juni 1519 traf Eck in Leipzig ein und nahm

Quartier beim Bürgermeister Beringershain an der Ecke Petersstraße/Thomasgässchen. Tags drauf kommen die Wittenberger. Im ersten Wagen der Kolonne saß Andreas Karlstadt, im zweiten Luther und Philipp Melanchthon und der Rektor der Wittenberger Universität. Sie wurden von zweihundert bewaffneten Wittenberger Studenten begleitet. Luther und seine Begleitung logierten beim Buchdrucker Melchior Lotter in der Hainstraße. Herzog Georg bestimmte die Hofstube der Pleißenburg als Ort der Disputation, die Universität hatte das Gewandhaus oder die Barfüßerkirche vorgeschlagen.

Am 4. Juli begann die Veranstaltung. Zur Eröffnung: Gottesdienst in der Thomaskirche, der Thomaner-Chor sang. Die hochlehnigen Thronstühle im Verhandlungssaal waren für die fürstlichen Personen bestimmt, auf zwei Kathedern standen sich die Kontrahenten gegenüber. An eichernen Tafeln protokollierten vier Notare alle Reden. Eck kämpfte mit allen Mitteln und versuchte, Luther in die Nähe des Ketzers Jan Hus zu rücken, und überzog stets seine Redezeit. Wütend war er auf Melanchthon, der hinter Luthers Kathedern saß und diesem zuflüsterte oder Zettel zusteckte. Auch Eck wurde unterstützt, allerdings waren die ausgewählten Leipziger Theologen kaum eine Hilfe, denn sie »saßen allezeit neben Dr. Eckio und schliefen ganz sanft«. Mit dem Temperament Luthers hatte Eck seine Schwierigkeiten, denn der »drängt sich nämlich, wie Ihr wißt, danach, als Einzelkämpfer aufzutreten, äußerst eilfertig im Ehrabschneiden und Attackieren. Ohne Federlesen weist er die alten Kirchenväter zurück, verachtet ohne Zögern die rechtmäßigen Inhaber kirchlicher Ämter und errötet nicht einmal bei seinen Lügen.«

Auch sprachlich schenkte man sich nichts: Luther war das Luder und Dr. Eck kurz gesagt: Dreck. Am 15. Juli »hält der Rektor der Universität Leipzig, Johann Langius Lembergius, die Abschlussrede. Beide Lager betrachteten sich als Sieger. Durch die Publikation der Disputationstexte in Erfurt und Paris sowie die Berichte Melanchthons wurde Luthers Haltung weit bekannt, und »mit seinem Bekenntnis, daß weder Papst noch Konzil höchste Autorität in Glaubensdingen besitzen und der Erklärung, daß nicht alle Gedanken von Hus ketzerisch sind, ist der Bruch des Reformators mit Rom endgültig vollzogen. Damit war die Leipziger Disputation ein bedeutendes zeitgeschichtliches Ereignis für die Herausbildung und Verbreitung des Lutherischen Gedankengutes.«

Luther verteidigte zu Leipzig seine Dissertation – ein Irrtum! Luther disputierte in Leipzig über seine 95 Thesen zu den Missständen in der katholischen Kirche. Apropos: Eine Doktorarbeit hat Dr. Martin Luther nie geschrieben. Es war zur damaligen Zeit nicht Usus. Der Titel Doktor wurde einem (meist gegen hohe Gebühr) verliehen.

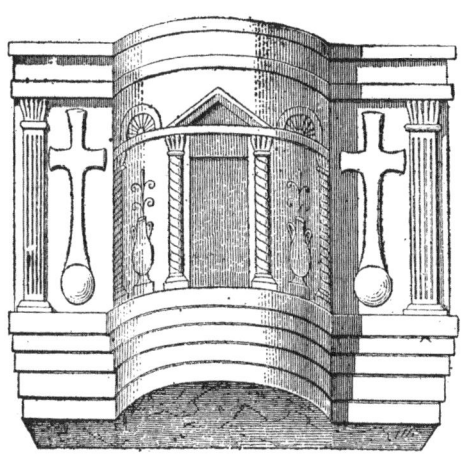

Sprichste sächsisch – biste Depp

Irrtum! *Doch …*

… Medien vermitteln oft den Eindruck, dass, wer die sächsische Mundart pflegt, geistig wenig rege oder von bösem Charakter ist. Denn diesen Dialekt sprechen in Film und Fernsehen Nazi- oder Stasischergen und andere Personen, die sehr unsympathisch sind. Bayrisch, Platt, gar Schwäbisch haben wesentlich besseren Leumund.

Verständlich: Deutschland war ein Vielvölkerstaat, und das gesprochene Deutsch von Region zu Landstrich verschieden, sogar unverständlich. Bereits im Hochmittelalter gab es Bestrebungen, die Sprache zumindest schriftlich zu vereinheitlichen, was weitgehend misslang. Martin Luther übersetzte in seiner Illegalität die Bibel. Und nutzte dafür notgedrungen seinen Dialekt und die Amtssprache seiner Heimat, das Meißnische Kanzleideutsch. Ab 1522 fand die Luther-Bibel überregional Verbreitung, wurde massenhaft gedruckt und gelesen. So wurde Gottes Wort Basis des deutschen Grundwortschatzes und das war das sächsische Idiom. Auch wenn es Bayern, Schwaben, Friesen zu leugnen versuchen: Ganz Deutschland spricht Sächsisch, allerdings nach der regionalen Lautung ausgesprochen. Was noch immer Verständnisschwierigkeiten in sich birgt.

Das Problem wurde erkannt. »Die deutsche Sprache sollte nicht nur überall gleich geschrieben, sie sollte auch überall gleich gesprochen werden: als Hochdeutsch im Sinne eines gehobenen Deutsch, nicht als einer der zahlreichen Dialekte bzw. Dialektfärbungen. Während man seit dem 18. Jahrhundert schon sehr einheitlich schrieb, so dass Konrad Duden nur noch wenig zu tun hatte, sprach man noch lange ganz so, wie einem der Schnabel gewachsen war. Der Kaiser berlinerte, der sächsische König sächselte. Auch Intellektuelle verwendeten ungeniert ihr heimatliches Idiom. Woher sollte Abhilfe kommen und weshalb überhaupt?« Der Linguist Theodor Siebs hatte in Tübingen und Leipzig studiert und wusste: »Erstens: Abhilfe ist nötig im Interesse von Wirtschaft und Verkehr, und auch die Schule muss wissen, woran sie sich halten soll. Zweitens: Abhilfe ist möglich. Es gibt die Schauspieler, die durch ganz Deutschland reisen und den *Faust* nicht in Sachsen sächsisch und in Bayern bayrisch bieten wollen.« So verfasste Siebs das Regelwerk *Deutsche Bühnenaussprache* und hatte im Gegensatz zu Duden ganz schön viel damit zu tun. Doch erhob er nicht die sächsische Lautung zum allgemeinen Vorbild, er nahm den in Deutschland am wenigsten gesprochenen Dialekt: das Platt der Nord- und Ostseeküste. 1898 erschien sein Werk in erster Auflage, spätere Ausgaben nannten sich *Deutsche Aussprache* oder kurz der *Siebs*.

Die Sachsen hatten damit das Nachsehen: Ganz Deutschland nutzte ihren Wortschatz, nur wenn die Sachsen sprachen, klang es nunmehr falsch. Alle anderen Gegenden deutscher Sprache sind auf ihre Anderslautung stolz. »Mir san mir!« Der Sachse schämt sich, dabei perlt ihm das Deutsche unvergleichlich von den Lippen, und im Kiefer bekommt er dabei keine Krämpfe. Da nutzt auch das Beispiel Goethe nichts: »Ach neige, du Schmerzenreiche« spricht Fausts Gretchen in der Kirche. Die Worte haben sich gereimt! Abhilfe sollte geschaffen werden: »Wir können alles. Außer Hochdeutsch!« Doch überließen staatliche Stellen diesen Werbespruch, der stolz und glücklich machen sollte, den Schwaben, die damit stolz und glücklich wurden. Fatal: In der beliebten Serie »In aller Freundschaft« musste der original sächsisch babbelnde Hausmeister schnell wieder das Krankenhaus verlassen. Deutschland ertrug seine Sprache nicht, denn jener Ottmar Wolf war beileibe kein Depp. Nee, er war fischelant, helle und lust'sch, wie de Sachsen eben sin. Ob des wenig schmeichelhaften öffentlichen Bildes leidet der Sachse, Deutschland lacht. Und so lassen Regisseure all die Film- und Fernsehdeppen sächsisch sprechen, meist von Schauspielern, denen man die Lautung antrainierte. Schauderhaft! Dabei sprechen berühmte Männer und Frauen diesen Dialekt seit je, und sie schämen sich mitnichten: August der Starke, Caroline Neuber, Adam Ries, Karl May, Walter Ulbricht, Clara Zetkin, Herbert Wehner, Ludwig Renn, Volker Braun, Katarina Witt, Friedrich Nietzsche, Richard Wagner …

Sprichste sächsisch – biste Depp! Die Aussage trifft auf die Mehrheit der sächsischen Bevölkerung nicht zu. Deppen sprechen, nachgewiesenermaßen, weltweit alle Sprachen.

Michael Kohlhaas war Wirt in Wellaune

Irrtum! *Aber …*

… im Örtchen Wellaune steht der *Kohlhaasenkrug* an der Straße, die von Leipzig nach Bad Düben führt. Der Name der Gastwirtschaft ist keiner Legende geschuldet, sondern einem Kriminalfall, der Weltliteratur wurde.

»Aus einer alten Chronik« erzählt Heinrich von Kleist von einem rechtschaffenen Bürger, den sein Rechtsgefühl »zum Räuber und Mörder« werden ließ: Michael Kohlhaas. In vierzig Sprachen wurde die Novelle übersetzt. Die Faszination, die von ihr ausgeht, hat seitdem zahlreiche Dichter und Forscher beschäftigt: Goethe, Fontane, Friedrich Wolf. Der TV-Markt dreht Filme. Der Schulunterricht lässt interpretieren. Thomas Mann »dünkte, Kleist's tragische Novelle sei nicht ganz unzeitgemäß«. Und in dem Wirtshaus da in Wellaune, erzählt man, sei das Ungeheure passiert.

Der wahre Täter trug einen anderen Namen. Nicht Michael Kohlhaas, Hans Kohlhase ward er getauft. Er war kein Sachse, sondern stammte aus Cölln, heute Berlin. Anno 1532 hatte der Kaufmann sein gesamtes Vermögen in Waren umgesetzt, mit denen er hoffte, zur Leipziger Messe gute Geschäfte zu machen. Auf der Reise dorthin kam es zu »jenem unglückseligen Zwischenfall zu Wellaune«. Einen Raufhändel habe jener Kohlhase begonnen. Ob es justament im *Kohlhaasenkrug* war, bleibt unbewiesen. Betreiber und Tourismusbörse sind sich jedoch sicher. Junker Günther von Zaschwitz schritt ein und machte mit ihm kurzen Prozess: Kohlhase musste als Kaution seine zwei Reitpferde zurücklassen. In Leipzig aber waren für ihn die Messen gesungen, seine Waren verschwunden. Auf dem Rückweg forderte er seine Rösser vom Junker zurück. Der Zaschwitz auf Schnaditz hatte jedoch die Pferde zu Ackergäulen geritten, Geld wert waren die Schindmähren nicht, vielmehr noch forderte er von Kohlhase ein Entgelt für ihre Verpflegung. Kohlhase weigerte sich, dieses zu zahlen, und kämpfte fortan um sein Recht: Er wollte materiellen Ausgleich für seine Reitpferde. Von Zaschwitz jedoch zahlte keinen Heller. Bittbriefe führten zu keinem Ergebnis. Ein für Mitte 1533 angesetzter Schlichtungstermin verlief ergebnislos. Kohlhase entsandte sein Rechtsbegehren nochmals an zuständige Stellen. Doch, so schien es ihm, wurde der Prozess von den Gerichten hintertrieben. Kohlhase wollte die Ungerechtigkeit nicht akzeptieren. Am 12. März 1534 entsandte er einen Fehdebrief, in dem er dem Sächsischen Kurfürsten seinen persönlichen Krieg erklärte. Martin Luther riet ihm, sich dem Schicksal zu fügen und auf Gewalt zu verzichten. »Es ist mir furwahr Euer Unfall leid gewesen, und noch, das weiß Gott; und wäre wohl zuerst besser gewesen, die Rache nicht furzunehmen.« Kohlhase nimmt Luthers Rat nicht an – der Gerichtssitz in Wittenberg brennt. Eine Untergrundarmee hauste in den Wäldern, nahm den Reichen und verteilte an die Armen. Hans Kohlhase wurde zum Volkshelden und mit Robin Hood aus dem Sherwood Forest verglichen. Bis heute. Denn immer wieder entwischte er seinen Häschern, befreite Kumpane aus Todeszellen, erpresste gar Preußens Regierung, indem er einen ihrer Ministerialangestellten entführte und erst gegen Lösegeld freigeben wollte. Die Staatsmänner allerdings blieben hart wie der deutsche Kanzler Helmut Schmidt Jahrhunderte später angesichts der RAF. Acht Jahre währte der Terror des Kohlhas'schen Haufens. Angeblich entdeckte man den Verbrecher in der Wäschetruhe seiner Gespielin im Nikolaiviertel Berlins. Prozess und Urteil fanden am 22. März

1540 statt. Das Blutgerüst stand auf dem Strausberger Platz. Vier Wochen soll dort auf dem Rad Kohlhasens Leiche geblutet haben. Was nicht nur vom brandenburgischen Kurfürsten als Beweis seiner Unschuld interpretiert wird. Ausgangspunkt für Legenden.

Heinrich von Kleist erkannte die über den Fall hinausgreifende Diskussion: Darf der Bürger zur Selbstjustiz greifen, wenn ihm von Staats wegen Unrecht geschieht? Je nach Position wird die Frage unterschiedlich beantwortet, die Sympathien sind unterschiedlich verteilt. Der Name Kohlhaas jedoch fand aufgrund seines Handelns Eingang in die Wissenschaften der Jurisprudenz und der Psychologie. In Berlin-Nikolassee steht die Kohlhas-Eiche. Am Strausberger Platz in Berlin erinnert eine Tafel an das Geschehen. Wellaune ist heute ein Ortsteil Bad Dübens, und das feiert alljährlich das Kohlhaas-Fest: »Ein Heidenspaß in der Heide«. Der *Kohlhaasenkrug* ist mittlerweile pleitegegangen. Zu wenige Händler rasten vor Ort. Raufhändel nicht ausgeschlossen.

Michael Kohlhaas war Wirt in Wellaune – ein Irrtum. Aber beim Wirt zu Wellaune soll seine Geschichte ihren Ausgang genommen haben.

Die Pulsnitzer Pfefferkuchenbäcker backen die besten Pfefferkuchen

Irrtum! *Denn …*

… die Berufsbezeichnung gibt es nicht. Pfefferkuchen backen Pfeffer- oder Lebküchler. Und die Verleihung eines Superlativs bei Speis und Trank ist reine Geschmacksache.
Pfefferkuchen werden nicht nur zur Weihnachtszeit gebacken. Dann aber schmecken sie am allerbesten.

> So viel Heimlichkeit
> in der Weihnachtszeit!
> In der Küche riecht es lecker,
> grad so wie beim Zuckerbäcker.

Rezepturen solch süßen Brotes sind seit alters her überliefert, auch unter anderem Namen sind sie bekannt: Printen, Leb- oder Honigkuchen. »Ägyptische Grabbeigaben bezeugen, dass bereits in der Antike Honigkuchen gebacken wurden, die als Vorläufer des Pfefferkuchens nicht nur dem Verzehr dienten, sondern auch als Talisman bei kriegerischen Auseinandersetzungen unterstützten. Schriftlich ist die Herstellung kleiner gewürzter Honigkuchen aus der Zeit um 350 v. Chr. belegt. Das römische ›panus mellitus‹ war ein honigbestrichener und anschließend gebackener Kuchen.« Oft wurden sie in den Gegenden populär, wo Bienenzucht großflächig möglich war und Handelswege ferne Gewürze herbeibrachten. Im Jahr 1296 wurde in Ulm der Lebkuchen erstmals als »Pfefferkuchen« erwähnt. Anders als der Name vermuten lässt, werden Pfefferkuchen ohne die Zugabe von Pfeffer gebacken (Ausnahmen mit winzigen Prisen sind möglich). Die Bezeichnung stammt aus der Zeit, als exotische Gewürze und Arzneien allgemein als Pfeffer bezeichnet wurden. Und Gewürze sind unabdingbarer Bestandteil des Gebäcks, das jeder Küchler nach eigener und streng geheimer Rezeptur herstellt. »Im Jahr 1643 entstand eine eigene Nürnberger Lebküchnerzunft, die 14 Mitglieder zählte. Wegen der strengen Geheimhaltungsvorschriften durfte keiner der Nürnberger ›Geschworenen‹ die Stadt verlassen. Außerdem war nur Angehörigen bisheriger Lebküchnerfamilien der Zugang zum Lebzeltner-Beruf gestattet. Zu allen festlichen Gelegenheiten wurde zum Pfefferkuchen gegriffen, der als Arzneimittel auch während der Fastenzeit erlaubt war.«

Auf uns gekommen ist der Pfefferkuchen im Mittelalter. »Das Münchner Steuerregister verzeichnet 1370 einen ›Lebzelter‹, während eine Nürnberger Urkunde erstmals 1395 einen ›Lebküchner‹ aufführt. Die Nürnberger Mönche aßen wohl die von ihnen hergestellten kräftigen Pfefferkuchen, wohingegen die Nonnen das süßere ›panis mellitus‹ nach römischer Rezeptur genossen. Kupferschläger aus dem wallonischen Dinant brachten im 15. Jahrhundert Lebkuchenrezepte nach Aachen. Erst 1820 entwickelten Aachener Bäcker die Rezeptur für die herb-süßen ›Aachener Printen‹.«

Am 1. Januar 1558 erhielten die Pulsnitzer erstmals das Recht, Lebkuchen backen zu dürfen. Bald besaß ihr Gebäck legendären Ruhm: Es half den Kranken und gab den Gesunden mehr Kraft. Als Tobias Thomas um 1745 mit neuem Rezept aus Thorn in die Heimat zurückkehrte, verhalf er dem Handwerk zu einem erneuten Aufschwung und verband es unlösbar mit der Stadt an der Pulsnitz. Bald waren die Pulsnitzer Pfefferküchler Sächsische Hoflieferanten, und ihre Pfefferkuchen wurden Verkaufsschlager und eine international gefragte

Spezialität. Seit 2003 wird sie alljährlich am ersten Wochenende im November auf dem »Pfefferkuchenmarkt« in allen Variationen in ganz Pulsnitz feilgeboten.

> Setz den Teig mit Honig an,
> knack die braunen Kerne.
> Einen Pfefferkuchenmann
> haben alle gerne.

Das Besondere am Pulsnitzer Pfefferkuchen ist, dass der Teig kein Fett enthält und über mehrere Wochen und Monate reift, bevor er weiterverarbeitet wird. Bekannteste Sorte: »Pulsnitzer Spitzen« – ihr Teig wird mit Marmelade gefüllt und mit Schokoladenguss überzogen.

Ein Rezept sei verraten:
500 g Honig in 125 ml Wasser erhitzen und abkühlen lassen. 400 g Weizenmehl und 200 g Roggenmehl vermengen und mit 2 EL Kakao sieben, dabei mit einer kräftigen Prise Zimt, 4 g Kardamom, ½ TL geriebener unbehandelter Zitronenschale, 125 süßen und 3 bitteren Mandeln versetzen. Ein Ei, 10 g Hirschhornsalz und 5 g Pottasche in etwas Wasser auflösen und nach und nach die drei Teile verkneten. Den Teig über Nacht kaltgestellt ruhen lassen. Dann etwa ½ cm dick ausrollen und die Figuren ausstechen. In vorgeheizter Backröhre bei 180 Grad 15 Minuten backen. Dann glasieren oder in Schokolade tauchen.

Die Pulsnitzer Pfefferkuchenbäcker backen den besten Pfefferkuchen – abgesehen von der falschen Herstellerbezeichnung – kein Irrtum, denn es bleibt jedem selbst überlassen, ob er den Pulsnitzer Pfefferkuchen als den besten bezeichnet. Für die Sachsen ist das keine Frage.

Schön ist seit je die Weihnachtswunderwelt im Erzgebirge

Irrtum! *Denn* …

… Schwibbogen, Pyramiden und Lichterengel haben dunkle Ursache und sind Abbild eines entbehrungsreichen Alltags. Heute vermarktet die Werbemaschinerie sie geschickt: Im Winter ist's bei uns am allerschönsten!

> Wenn es Rachermannel naabelt,
> un es sogt kaa Wort drzu,
> un der Rach steigt an dr Decke nauf,
> sei mer alle fru.
> Un schie ruhig is in Stübel,
> steigt dr Himmelsfrieden ro,
> doch im Herzn lacht's und jubelt's:
> Ja, de Weihnachtszeit is do!

Das Gedicht deutet es an: Im Advent wird es im Erzgebirge heimelig. Es wandelt sich gleichsam in eine lichte Wunderwelt. Dunkel war die Arbeit untertage. Dunkel war droben der Tag. So machten sich Bergleute und ihre Familien das Leben hell. Kerzen leuchteten allerorten: in Fenstern, an Bäumen, vor dem Haus. Die Familien saßen in den warmen Hutzenstuben, sangen, schnitzten, klöppelten. Bräuche entstanden und Figuren, die die Zeiten überdauerten. Auf den Weihnachtsmärkten ist heute fast alles zu haben. Und natürlich wird die legendäre Holzkunst dargeboten.

Heilig ist dem Bergmann jener Bogen,
der als Tor in dunklen Stollen führt,
darum hat er ihn mit Licht umzogen
wie ein Sternkreis, den die Nacht berührt.

So erfährt der Schwibbogen eine Deutung. Andere wissen, dass die Bergleute zur traditionellen Mettenschicht ihre Gruben-lampen im Halbkreis an die Wände hängten. Kerzen stehen im Bogen, darunter finden sich Szenen aus Schacht, Wald oder Weihnachtslegende. Die ersten, die solch Schnitzwerk schufen, kamen aus Johanngeorgenstadt: Bereits im frühen 18. Jahrhun-dert leuchtete dort ein schmiedeeiserner Bogen.

Die drehenden Weihnachtspyramiden wurden dem Christ-baum und einem Pferdegöpel nachempfunden. Händler be-schrieben sie als »pyramidenförmiges Gestell aus vier Stäben, das mit buntem Papierschmuck umwickelt, behängt und mit Kerzen bestückt« sei. Dieser »Leierboom« oder »Dräherch« steht nicht nur in Wohnzimmern, sondern auch auf jedem Weihnachtsmarkt. Aus ursprünglich einer Etage entwickel-te sich die Stockwerkpyramide. 1809 wurde von fünfetagi-gen Exemplaren berichtet. Förster, Waldarbeiter, Fuchs und Hase, aber auch Karl Stülpner oder Engel zieren die Pyra-miden.

»Es ist ein alter Brauch, dass die Mädchen in einer Familie einen Lichterengel zum Geschenk erhalten und die Jungen einen Bergmann.« Diese Figuren halten Kerzen, wobei es schwerfällt, »die hochbusige weibliche Gestalt mit buntge-malter Schürze als Engel zu empfinden«. Sie scheint einer Bergmannsfrau weit ähnlicher. So finden sich die Bergbe-wohner und ihr Alltag wieder. Verbreitet ist der Klingelen-gel: »Hier trägt die Figur eine kleine Flügelpyramide, die mit einem Klöppel verbunden ist, der an ein Glöckchen schlägt.«

Ohne Nussknacker ist die Weihnacht auch im Erzgebirge nicht zu denken. Der größte steht in Neuhausen und misst 10,10 Meter. Auch er präsentiert sich im bergmännischen Kostüm, doch ist das Outfit stets dem Zeitgeschmack geschuldet. Wie beim Räuchermann: »Als das Pfeiferauchen am Ende des 18. Jahrhunderts üblich wurde, begannen Spielzeugschnitzer Figuren herzustellen, bei denen im Hohlraum eine Weihrauchkerze angebrannt wurde, deren Rauch dann durch die Mundöffnung entweicht.« Längst rauchen auch Frauen. Der Fantasie der Schnitzer sind keine Grenzen gesetzt. Hauptsache: Es qualmt.

Das Erzgebirge lädt alljährlich zur Weihnacht. Kein Dorf, das keinen Weihnachtsmarkt sein eigen nennt. Diese haben ihr ganz eignes Flair. Allerorten Pyramiden, die zur Eröffnung des Volksfests angeschoben werden. Es musizieren menschliche Spieldosen. Welcher Christbaum hat die meisten Lichter? Tourismusfirmen bieten Reisen, Händler alles. In der kleinen Stadt Seifen können die Besucher bei der Herstellung all der Accessoires zusehen und sich individuell Weihnachtsnippes fertigen lassen.

> Heilige Nacht voll ewiger Lieb,
> sei en ged'n beschied'n.
> Wu noch e Herz is mied un vull Sorg,
> schenkt ne dr Himmel senn Fried'n.

Wer bedenkt heute noch die Gründe, die in diese funkelnde Lichterzeit führten? Schön ist seit je die Weihnachtswunderwelt im Erzgebirge – ein Irrtum! Sie ist als helle Weltflucht aus dunklem Bergmannsalltag in strengen Gebirgswintern entstanden.

Sind die Lichter angezündet,
Freude zieht in jeden Raum,
Weihnachtsfreude wird verkündet
unter jedem Lichterbaum.
Leuchte, Licht, mit hellem Schein überall,
überall, überall soll Freude sein.«

Fabulieren ist der Sachsen Eigenart

Irrtum? *Wohl nicht, denn …*

… der Deutschen große Fabeldichter entstammen zu einem Gutteil den sächsischen Landen.

Fabeln sind Lehrbeispiele und als Schulstoff bestens geeignet. Denn die Fabel ist »eine in Vers oder Prosa verfasste, kurze Erzählung mit belehrender Absicht, in der vor allem Tiere, aber auch Pflanzen oder Fabelwesen menschliche Eigenschaften besitzen und menschlich handeln. Der Aufbau der Geschichte zielt auf eine Schlusspointe hin, an die sich eine allgemeingültige Moral anschließt.« Fabeln überlieferte schon die Antike. Namhafte Europäer übten sich im Laufe der Jahrhunderte an diesem Genre: Leonardo da Vinci, Jean de la Fontaine, Iwan Andrejewitsch Krylow.

Als der deutschen Sprache erster Fabeldichter gilt der Stricker, von dem niemand nichts Genaues weiß, außer dass er in der ersten Hälfte des 13. Jahrhunderts lebte. Martin Luther und Hans Sachs nutzten die Fabel. Christian Fürchtegott Gellert (1715–1769), Gotthold Ephraim Lessing (1729–1781) und Magnus Gottfried Lichtwer (1719–1783) erhoben sie zur Kunst der Aufklärung.

Gellert wurde in Hainichen vorm Erzgebirge geboren. Er war der fünfte Sohn einer 13-köpfigen Pastorenfamilie und wuchs in ärmlichen, beengten Verhältnissen auf. Der Landesherr ermöglichte dem Jungen den Besuch der Fürstenschule St. Afra zu Meißen. Ab 1734 studierte Gellert an der Universität in Leipzig, er musste aber 1739 das Studium wegen Geldmangel unterbrechen. Er verdiente als Hauslehrer am Hof in Dresden. Ein Jahr darauf setzte er seine Studien fort und schloss sie 1744 mit einer Dissertation über Theorie und Geschichte der Fabel ab. 1751 wurde er zum außerordentlichen Professor für Philosophie ernannt. Bis zu seinem Tode hielt er Vorlesungen über Poetik und Stilkunde, aber besonders über Moral. Zu seinen Hörern zählte auch Goethe, der in *Dichtung und Wahrheit* Gellerts Morallehre als »Fundament der deutschen sittlichen Kultur« bezeichnete.

Lessing wurde in Kamenz in der Oberlausitz geboren. Er hatte elf Geschwister, sein Vater war Pfarrer. Der Junge besuchte zuerst die Stadtschule in Kamenz, dann wie Gellert die Fürstenschule in Meißen. Er studierte Theologie und Medizin in Leipzig und lebte danach als Schriftsteller in Berlin, wo er für mehrere Zeitungen Artikel verfasste. Er hatte Verbindungen zu verschiedenen Theatergruppen, u. a. der der Neuberin, und schrieb für diese seine ersten Stücke. Ständig in Geldnot nahm er in Breslau eine Stelle als Sekretär beim General Friedrich Tauentzien an. 1767 erhielt er eine Anstellung als Dramaturg und Kritiker am Hamburger Nationaltheater, 1770 als Bibliothekar in Wolfenbüttel. »Er schrieb hierzulande die ersten Literaturkritiken und kämpfte mit spitzer Feder für ein freies Theater, das nicht mehr das Leben bei Hofe, sondern den Alltag der Bürger thematisiert. Sein Eintreten für Freiheit und Toleranz – auch in Glaubensfragen – machte ihn zum führenden Vertreter der deutschen Aufklärung.«

Magnus G. Lichtwer wird als Fabeldichter selten genannt, doch war er in seiner Zeit jener mit dem größten Einfluss aufs Genre. Bekannt geblieben ist der Autor durch seine *Vier Bücher aesopischer Fabeln in gebundener Schreib-Art*, die 1748 erschienen und auch gegenwärtig in jedes Lesebuch gehören. Manche seiner Texte sind sprichwörtlich geworden. »Was hilft Gesetz, was helfen Strafen, wenn Obrigkeit und Fürsten schlafen?« Lichtwer wurde 1719 in Wurzen als Sohn eines Juristen geboren. Als er zwei Jahre alt, starb sein Vater, und der Knabe wurde fortan von seinem Vormund, dem Stiftskanzler Zahn, gefördert. Dieser ermöglichte ihm ein Studium an der Universität Leipzig, später setzte er seine Studien an der Universität Wittenberg fort. Durch einen Unfall verlor Lichtwer beinah ganz sein Augenlicht. Er pflegte Bekanntschaft zu Geistesgrößen der Zeit wie Gottsched, Gleim und Christian Wolf. Angestellt war Lichtwer letztlich als »Wirkl. Königl. Regierungsrath im Fürstenthum zu Halberstadt«. Alldort ist er 1783 gestorben:

> Es ließ sich ein Kamel, das mit gebognem Knie
> Vor seinem Meister lag, mit Waren stark beladen.
> Man brachte Sack und Pack und manchen schweren Kasten,
> Dies alles litt das gute Vieh,
> Es muckste nicht einmal, bis es bei sich verspürte,
> Daß es die volle Ladung führte.
> Da stund es wieder auf; allein des Meisters Hand,
> Zwang es, sich abermals zu bücken,
> Der auf das arme Tier noch viele Lasten band,
> Er band, und sieh! es warf die ganze Fracht vom Rücken.

> Gebt Achtung, wenn ihr Kinder lehrt,
> Daß ihr auf einmal nicht sie allzu stark beschwert,
> Es geht der Jugend wie den Alten,
> Wer alles fassen soll, wird endlich nichts behalten.

Fabulieren ist der Sachsen Eigenart – diese Aussage kann man durchaus bejahen.

Die Schildbürger sind Sachsen

Irrtum! *Zwar* ...

... meint mancher mit Blick auf den Freistaat und seine Realitäten, dass hier Schildbürger en masse zu finden seien, aber auf Schildbürgerstreiche trifft man allerorten, gar in Übersee und am Nordpol.

Die Volksbücher und Autoren des späten Mittelalters berichteten über einen sagenhaften Menschenschlag: »Mitten in Deutschland lag eine Stadt, die Schilda hieß. Ihre Bewohner nannte man deshalb die Schildbürger. Das waren seltsame Leute. Alles, was sie taten, machten sie falsch. Und alles, was man ihnen sagte, nahmen sie genau so, wie man es ihnen sagte. Wenn zum Beispiel jemand zu ihnen sagte: ›Ihr habt ja ein Brett vor dem Kopf!‹, dann griffen sie sich an die Stirn und wollten das Brett wegnehmen. Und wenn jemand zu ihnen sagte: ›Bei euch piept es ja!‹, so blieben sie ganz ruhig, um genau hinzuhören. Nach einiger Zeit sagten sie dann: ›Es tut uns leid, aber wir hören nichts piepen.‹ So viel Dummheit wurde natürlich bald überall bekannt. Und überall lachte man über die Schildbürger. Aber kann man eigentlich so dumm sein? Nein, so dumm kann man nicht sein! Und so dumm waren die Schildbürger eigentlich auch nicht.« Die Schildbürger stellten sich dumm, weil sie schlau waren. Das ist probate Strategie gegen Willkür und Macht. Und das wiederum lässt nach Vorbildern suchen. Nun hat es diese beschriebene Stadt Schilda niemals gegeben. Heute beanspruchen mindestens neun Gemeinden, Vorbild der Schildbürger zu sein, und noch immer werden es mehr. Alle, aber auch alle haben dafür Argumente.

In Sachsen meint Sayda im Erzgebirge, Zeugungsort der Schildbürger gewesen zu sein. Die Beweislage dafür ist aber schwach. Besser belegt scheint die Herkunft der Schildbürger aus Schildau. Die Stadt nannte sich ja auch Schilda und Schilde. Sie liegt am Nordrand der Dahlener Heide zwischen Mockrehna, Belgern und Hohburg. Ihr Schildberg misst erstaunliche 217,2 Meter über NN. Der feldsteingemauerte Schildbergturm auf diesem Berg setzt noch 25 Meter an Höhe drauf. Schildberg(er) / Schildbürg(er) – die Verbindung liegt nah. Längst sind die Schildauer stolz auf diese Genealogie und haben mit Enthusiasmus ein Schildbürgermuseum eröffnet, das an die »Originalschauplätze« führt.

Gegenwärtig ist mit Schildbürger nicht mehr eine besonders intelligente Person gemeint, vielmehr benutzt man das Wort für »jemanden, der durch sein törichtes, engstirniges Verhalten und Handeln bewirkt, dass bei bestimmten Vorhaben deren eigentlicher Zweck in ärgerlicher Weise verfehlt wird«. Behördenversagen, Fehlentscheidungen und -investitionen, Machtherrlichkeit oder Steuerverschwendung wären also Schildbürgerstreiche. Davon gibt es auch in Sachsen gar manche.

Schkeuditz 2008: »32 Millionen Euro kostete die Steuerzahler die Errichtung eines modernen Luftfrachtumschlagbahnhofs am Flughafen Leipzig. 7,25 Millionen Euro davon zahlte der Freistaat Sachsen, das übrige Geld stammt aus EU-Fördermitteln. Das Problem: Obwohl das Bauvorhaben 2008 fertiggestellt wurde, fahren bis heute keine Züge. Einzige Ausnahme: ein Probezug der DHL zwischen Leipzig/Halle und Frankfurt am Main.«

Gelenau 2016: »Ein Bahnübergang war von der Bahn mit öffentlichen Mitteln für 700.000 Euro gebaut worden. Um Steuergeld zu sparen, wurde ein geplanter Radweg an der S 95 gleich mit ins Bauvorhaben genommen. Man errichtete also für Radler zum Gleisübergang eine kleine Schrankenanlage. Der Radweg selbst aber fehlt.«

Dresden 2014: »Am Elbhang, abgeschieden auf einem schmalen Weg mit ganzen drei Anliegern, steht ein Poller, der kein Fahrzeug vorbeilässt. Errichtet wurde er in einer Nacht- und Nebelaktion und keiner weiß warum – bis heute nicht. Postboten schleppen seither ihre Pakete den Berg hinauf. Nicht mal der Krankenwagen kann mehr durch. Die Anwohner sind sauer.« Der Poller bleibt stehen.

Einem echten Schildbürger hat Schildau ein Denkmal gewidmet: August Graf Neidhardt von Gneisenau (1760–1831). Der legendäre General meinte: »Ich meinerseits halte die Cholera weder für so ansteckend noch für so gefährlich.« An der Cholera ist er verstorben. Das Schildbürgermuseum widmet dem Helden einen eigenen Raum.

Die Schildbürger sind Sachsen – kein Zweifel, auch hier sind sie zu Hause. Aber ob sie ursächlich aus Sachsen stammen, kann weiterhin bestritten werden.

August der Starke zeugte 354 Kinder

Kein Irrtum ~ Lüge! *Und …*

… natürlich sind die Sachsen stolz auf ihren Landesvater, auf seinen Prunk und Protz, auf seine Sammelleidenschaft und seine Bautätigkeit. Und sie berufen sich sehr gern auf ihre Verwandtschaft mit diesem Königshaus. Die Mutmaßungen über das Sexualleben von Friedrich August I. (1670–1733) füllen Bände, und sie werden auch in Zukunft nichts an Beliebtheit einbüßen.

Auf dem Kardiologenkongress in Dresden wurde 2005 ernsthaft über Augusts Vielkinderei diskutiert und versucht, die in Sachsen häufig auftretenden Zivilisationskrankheiten mit der Zeugungskraft des Herrschers zu erklären: Denn »der übergewichtige Kurfürst von Sachsen, der aus heutiger Sicht mit hoher Wahrscheinlichkeit unter hohem Blutdruck, Diabetes und vielleicht auch einer Fettstoffwechselstörung litt, hatte zwar nur einen legitimen Sohn, zeugte jedoch 267 Kinder und dürfte im Raum Dresden um die fünfzig Familienlinien gegründet haben. Es kann spekuliert werden, dass er damit der Disposition für das Metabolische Syndrom in dieser Region spezielle genetische Impulse gab.« Dass Übergewicht, Trägheit, Zuckerkrankheit königlich erklärt werden können, ehrt das Volk der Sachsen, ist aber eine schlechte Ausrede, wenn nicht gar eine bewusste Lüge.

Niemand aber wird behaupten, dass es Friedrich August an Lebenslust gemangelt habe. Nicht nur die Dresdner berufen sich mit Recht auf ihn, denn es war August der Starke, der den unvergänglichen Ruhm der Residenz begründete. Die Herrschaft war ihm allerdings nicht in die Wiege gelegt worden: August war der zweite Sohn von Kurfürst Johann Georg III. (1647–1691). Als junger Mann bereiste der Prinz auf Kavalierstour Europa und betörte erst16-jährig schon Frauenherzen. Zum ersten Skandal kam es 1688, als er die tugendhafte Marquesa de Manzera in Madrid verführte, und der gehörnte Gatte eine Mörderbande auf ihn hetzte. Der Jüngling entkam und führte weiter ein fideles Leben im Schatten der sächsischen Krone, Vater und später der Bruder führten die Geschäfte. Standesgemäß ehelichte Friedrich August am 20. Januar 1693 Christiane Eberhardine von Brandenburg-Bayreuth. Nur Tage nach der Hochzeitsnacht ging er in den Krieg und auf Italienreise. Die daheim sitzengelassene Gattin sorgte sich, auch um die Gesundheit ihres Mannes: »Der Hertzog würd stüntlich erwartet und verlanget mich gar ser, ihm wider hir zu wißen. Er ist alle zeit gesunt geweßen. Die lustparkeiten aber zu Venisse sollen gar Schlegt geweßen seyn, als glaube, es würd ihm wohl gereuen diese reise gethan zu haben, welche ich wünsche, so verbleibt er ein anter mahl bey mir.«

Bei Prinzessin Christiane Eberhardine verblieb er nicht. Sie verschmachtete und gab sich ganz Gott hin. Betsäule wurde sie vom Volksmund genannt. Denn gleichzeitig zur Frau nahm sich Friedrich August eine Mätresse: Eleonore von Kessel. 1694 bestieg Friedrich August I. den sächsischen Thron. Mit am Tisch saßen fortan seine Gespielinnen: Gräfin Maria Aurora von Königsmarck, Maximiliane Gräfin von Chodau, die »türkische Kriegsbeute« Fatima, Ursula Katharina von Teschen, Anna Constantia Gräfin von Cosel, Gastwirtin Henriette Rénard-Duval, Aktrice Angélique Duparc, Maria Magdalena Fürstin Lubomirska, Erdmuthe Sophie von Dieskau, Freiin Henriette von Osterhausen. Unvollständig wird diese Aufzählung bleiben.

Natürlich hatte Friedrich August I. Kinder. Die Gattin gebar ihm 1696 Kronprinz Friedrich August, die Königsmark brachte im selben Jahr Sohn Moritz zur Welt. Von Fatima bekam er Friedrich August (*1702) und Katharina (*1706). Aus der Verbindung mit der von Teschen stammt Johann Georg (*1704). Die Cosel entband 1708 Augusta Anna Constantia, 1709 Friederike Alexandrine und 1712 Friedrich August. Henriette Rénard gab 1707 Anna Karolina das Leben. Summa summarum: neun Kinder. Der Ruf war ruiniert und politisch nutzbar. Um die Macht ihres Bruders Friedrich II. (1712–1786) zu stärken, verbreitete die preußische Prinzessin Wilhelmine das pikante Gerücht: »Der König unterhielt eine Art von Serail der schönsten Frauen seines Landes. Als er starb, berechnete man, daß er von seinen Mätressen 354 Kinder gehabt habe. Der ganze Hof richtete sich nach seinem Beispiele. Man athmete dort nur Wollust, und Bachus und Venus waren die beiden Mondgottheiten.« Sodom und Gomorrha in Sachsen, asketisches Leben in Brandenburg-Preußen.

August der Starke zeugte 354 Kinder – kein Irrtum, sondern Lüge! Und »je ungeheuerlicher eine Lüge, desto leichter schluckt sie der Köhlerglaube hinunter«. Doch was als üble Nachrede Preußens geplant, nimmt Sachsen sehr stolz zur Kenntnis.

Das Weiße Gold ist Sachsens Schatz

Irrtum! *Denn …*

… der Größenwahn von Geschäftsleitung und Aufsichtsrat ruinierte den Ruf des Meißner Porzellans und führte das sächsische Staatsunternehmen an den Rand des Bankrotts. Der Markenname und das Zeichen der Schwerter ziehen nicht mehr.

Immer wieder behaupten Menschen, dass sie aus Stroh Gold machen könnten, andere meinen, sie fänden eines Tages den Stein der Weisen. Märchenbücher wurden darüber geschrieben. Johann Friedrich Böttger (1682–1719) war das dritte Kind eines Münzmeisters in Schleiz und begann 14-jährig eine Apothekerlehre in Berlin. Alsbald faszinierte ihn die Fabrikation jener Substanzen, die mehr bewirken, als der Verstand erträumen lässt. Herrschaften waren tief beeindruckt, als Böttger aus Silber Gold herstellte, »das allen Prüfungen standhält«. Der Preußenkönig wollte den Schöpfer für sich, er stritt sich mit August dem Starken um ihn. Sachsen gewann. Am 27. November 1701 wurde Böttger auf geheime Weise nach Dresden gebracht und begann dort zu werkeln. Damit Experiment und Goldmacher sicher waren, brachte ihn der Kurfürst auf den Königstein in einen goldenen Käfig. Böttger floh, wurde gefangen, Gold entstand keines, der König war sauer. In der Albrechtsburg zu Meißen bekam der Alchimist ein neues Laboratorium, aber auch eine strenge Bewachung. Im Team mit Ehrenfried Walther von Tschirnhaus und Gottfried Pabst von Ohain gelangen 1707 in Dresden erste Mixturen für »holländisches Porzellan« und für das Böttger-Steinzeug.

Endlich im Januar 1710 verkündete man die Erfindung des Porzellans nach ganz neuer und anderer Rezeptur. August witterte Macht und Profit und sah die Potenzen. Die Produktionsanlagen siedelte man in Meißen an. So wurde das Meißner Porzellan zum Exportschlager Sachsens, die gekreuzten Kurschwerter sein Markenzeichen. Gehobene Kreise speisten von Streublümchen, Zwiebelmuster und Koralle. Gestalter ziselierten feinste Formen. Kunst, die der Dresdner Zwinger ausstellt. Touristen pilgern heute wie damals zu den Produktionsstätten, in die Schauwerkstatt und in die Porzellanläden aller Welt. Fürs Land Sachsen der blanke Gewinn.

Der gute Ruf des Meißner Porzellans hielt sich jahrhundertelang. Doch die moderne Gesellschaft ließ die alten Werte auch in Meißen kränkeln. Unternehmerische Fehlentscheidungen zehrten. Der Freistaat sieht die sichere Einnahmequelle schwinden. »Seit 2000 ist der Umsatz der Manufaktur eingebrochen, von 42 Millionen auf nur noch 31,5 Millionen acht Jahre später. Das Geschäftsjahr 2008 schloss mit minus sechs Millionen und vollen Lagern.« Der Steuerzahler trägt die Verluste. Neue Strategien in Produktion und Vermarktung sind gefragt, neues Design, Innovationen auf allen Gebieten. Das alles glaubte man 2008 mit Christian Kurtzke als neuem Geschäftsführer gefunden zu haben. Nach seinem Verständnis ist die »Marke Meissen« weit mehr als Porzellan. Deshalb baut die »Manufaktur Meissen eine weltweite Vertriebszentrale in Mailand auf. Die Traditionsmarke will künftig neben Geschirr auch Wandverkleidungen aus Porzellan sowie Teppiche und Tapeten vertreiben.« Kurtzke erwartete 2010 einen Umsatz von rund 36 Millionen Euro, rechnete aber nicht mit schwarzen Zahlen. Er fuhr einen harten Sanierungskurs. Alles, was als unverkäuflich galt, ging in Scherben: Tassen, Teller, Nippes, Münzen, ganze Tafelservice. 180 von 784 Mitarbeitern wurden entlassen. Seine Pläne waren groß, der Aufsichtsrat nickte. Erfolg jedoch stellte sich mit den Jahren nicht ein. »Der Umbau der Porzellan-Manufaktur Meissen zu einem Konzern mit Luxusgütern ist gründlich schiefgegangen. 2014 machte das staatliche Unternehmen 19,2 Millionen Euro Verlust.« Visionär Kurtzke verließ das Unternehmen. Aufsichtsratschef Prof. Kurt Biedenkopf und seine Stellvertreter taten es ihm nach. Der Steuerzahler zahlt wieder. Die neuetablierte Leitung unter Tillmann Blaschke und Georg Nussdorfer möchten das Unternehmen mit einem Strategiewechsel in die Gewinnzone bringen. Das bislang in strenger Handarbeit gefertigte Meißner Porzellan soll dafür auch maschinell bedruckt werden können. »Nach Aussage der Pressesprecherin geht es darum, die Vielfalt von Farben und Mustern zu erweitern und mehr Porzellan auszuliefern, das auch in Spülmaschinen gereinigt werden kann. Dazu sollen künftig auch jüngere Käufer angesprochen werden.« Derfen die denn das?, fragen weltweit besorgte Traditionalisten, denn »die Frage ist, ob Meissen noch drin ist, wo Meissen drauf steht. Die neuen Käuferschichten wären teuer erkauft.« Solche Diskussionen werden selten öffentlich geführt. In Meißen bleibt seit Böttgers Erfindung nicht nur die Rezeptur geheim.

Das Weiße Gold ist Sachsens Schatz – ein Irrtum! Das Meißner Porzellan hat in den letzten Jahren fast allen Glanz eingebüßt. Als Wertanlage ist es gegenwärtig ungeeignet. Ob sich das ändert, ist fraglich.

Die Erde ist eine Schicht

Irrtum! *Zumindest weiß …*

… jeder, dass es derer viele sind, die die Weltkugel bilden. Als Erdschicht werden einheitliche Ablagerungen bezeichnet, die übereinander zu liegen kommen. Jener, der diesen Aufbau erkannte, kam aus Langenhennersdorf in der Sächsischen Schweiz: Johann Gottlob Lehmann.

»Die Welt-Kugel ist, in Absicht unserer, dasjenige grosse, kuenstliche und schoene Gebaeude, welches uns Menschen zur Wohnung bestimmet ist. Was ist demnach billiger, als daß wir uns alle Muehe geben, solches, so viel moeglich, genau kennen zu lernen. So bald wir uns um die Geschichte derer Thiere bekuemmern, und solche genau kennen lernen, so kennen wir einen Theil derer Einwohner der Erden; so bald wir uns mit denen Pflantzen genau bekannt machen, so kennen wir eine Art von Productis des Erdbodens. Deswegen aber kennen wir doch noch lange nicht den Erdboden selbst.«

Johann Gottlob Lehmann erkannte diese Forschungslücke und »war der erste Geologe, der Stärken und Lagerungsfolgen von Gesteinsschichten nachprüfte und aufzeichnete. Mit seinem Werk *Versuch einer Geschichte von Flötz-Gebürgen betreffend deren Entstehung, Lage, darinne befindliche Metallen, Mineralien und Foßilien größtentheils aus eigenen Wahrnehmungen und aus denen Grundsätzen der Natur-Lehre hergeleitet, und mit nöthigen Kupfern versehen* (1756) gilt er als Begründer der Stratigraphie.« Diese Teildisziplin der Geologie hat das Ziel, »Gesteinskörper anhand der darin enthaltenen organischen und anorganischen Merkmale zeitlich relativ zu ordnen und auch räumlich weit entfernte Gesteinseinheiten miteinander zeitlich in Beziehung zu setzen«.

Geboren wurde Johann Gottlob Lehmann 1719 als Sohn des Rittergutspächters in Langenhennersdorf. Die Familie zog 1723 nach Dresden. Dort unterrichtete der Vater den Sohn zunächst selbst. Dann erhielt der Schüler eine Freistelle an der Fürstenschule zu Pforta. Das Studium nahm Lehmann 1738 an der Universität Leipzig auf und wechselte 1739 an die Alma Mater Leucorea zu Wittenberg. Er wohnte im Haus seines Lehrers und Mentors Abraham Vater, einem anerkannten Mediziner und Philosoph seiner Zeit. 1741 wurde J. G. Lehmann zum Doktor der Medizin promoviert und arbeitete als Arzt in Dresden. Er interessierte sich leidenschaftlich für den heimischen Bergbau, reiste nach Böhmen und führte zunehmend geologische Expeditionen durch. 1749 veröffentlichte der Forscher die *Sammlung einiger Mineralischer Merkwürdigkeiten des Plauischen Grundes bey Dresden*, wobei er die bergbaulichen Aufschlüsse als einen »Versuch zu der Mineralogischen Geschichte unseres Landes« verstand. Daraufhin folgte er einem Ruf nach Berlin, wo er im Auftrag des preußischen Königs Friedrich II. die Bergwerke Schlesiens und des Harzes kontrollierte. 1754 nahm ihn die Königliche Akademie der Wissenschaften als Mitglied auf, später die Akademie der nützlichen Wissenschaften zu Erfurt. Man ernannte Lehmann zum Bergrat sowie zum Direktor des Kupfer-Bergwerks Hasserode. 1756 beschrieb er im Werk über die Flöz-Gebirge das Profil des Bere-Zorge-Tals des südlichen Harzes. Dieses wissenschaftliche Werk beeinflusste die geologischen Theorien entscheidend. 1761 wurde Lehmann zum Professor für Chemie und zum Direktor des Kaiserlichen Naturalienkabinetts St. Petersburg berufen und setzte seine geologischen Forschungen im Auftrag von Katharina II. fort. Er galt als enger Freund von Michail Wassiljewitsch Lomonossow. Auf Exkursion im Ural entdeckte Lehmann ein orangerotes Bleichromat-Mineral ($PbCrO_4$), das er Rotbleierz nannte. Heute nennt man das selten vorkommende Sulfat, das sich in Form von nadelförmigen Kristallen verfestigt, Krokoit. Johann Gottlob Lehmann starb am 22. Januar 1767 bei einem Laborunfall in St. Petersburg.

»Ich habe gesagt, daß unser Erdboden, Anfangs vor der geschehenen Scheidung eine aufgeloeste Erde gewesen, welche in einer grossen Menge Wasser geschwommen. Diese Erde schlug sich bey der Schoepfung nieder, und das Wasser wurde theils in das Meer und die Seen, theils in den Abgrund und Mittelpunct der Erde versamlet. Der Erdboden wurde trocken und bestand aus flachen Lande, und denenjenigen Bergen, welche jetzo noch sind.«

Die Erde ist eine Schicht – Irrtum, es sind viele Schichten, die dic Weltkugel bilden. Welche Erkenntnis! Es war ein Sachse, der diesen geologischen Aufbau erstmals beschrieb. In Langenhennersorf verfällt das Rittergutshaus, in dem J. G. Lehmann geboren ist, samt der ihn ehrenden Plakette.

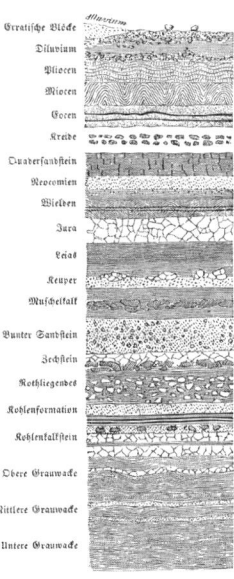

Das Nationalgetränk der Sachsen: Blümchenkaffee

Irrtum! *Wobei* …

… besagter Blümchenkaffee so dünn und klar erscheint, dass man durch das Gebräu die gemalten Blumen auf dem Tassenboden des Meißner Porzellans erkennt.

> 's gibt Velker, 's is 'ne Sinde
> drinken Gaffee schworz wie Dinte.
> Eene Bohne schon geniecht,
> daß sich das Sachsenherz vergniecht.

Seit je sagt man den Sachsen einen Hang zum »Türkentranke« nach. Berichteten zunächst Reisende vom aromatischen und anregenden arabischen Aufguss, brachte man bald erste Kaffeebohnen als Souvenir nach Europa mit. Sie stießen geschmacklich auf reges Interesse. Zu Beginn des 17. Jahrhunderts begann ein schwunghafter Handel, und bald löste der Kaffee das Bier als Lieblingsgetränk der Deutschen ab. Seit 1694 servierte man den Kaffee in der Messestadt Leipzig. »Vom Wirtshaus unterschied sich das europäische Kaffeehaus nicht nur durch das ausgeschenkte Getränk und den in Mode kommenden Billardtisch, sondern auch durch Kanapee und Klavier. Bald wurde es zum Mittelpunkt des gesellschaftlichen Lebens, das die bürgerliche Kultur des 18. Jahrhunderts kennzeichnete.« Schiller schrieb 1785 begeistert: »Meine angenehmste Erholung ist bisher gewesen, Richters Kaffeehaus zu besuchen, wo ich immer die halbe Welt Leipzigs beisammen finde und meine Bekanntschaft mit Einheimischen und Fremden erweitere.«

Dass man die Sachsen als Kaffeesachsen bezeichnet, soll dem alten Fritz geschuldet sein. Als der zum Sturme rief, fehlten ihm die Sachsen als Verbündete. Der hingeschickte Bote berichtete dem Preußenkönig, die Sachsen seien verhindert: »Ohne Gaffee genn mir nämlich nich gämfen!« Seitdem hält sich die Bezeichnung Kaffeesachse und die Unwahrheit vom ausgeschenkt dünnen Blümchenkaffee.

Anders die Wahrheit: Der Sachse zelebriert seinen Kaffeegenuss. Und ehedem zeugte das Wort Blümchenkaffee von höchster Qualität, denn es war Zeichen für den »guten Kaffee«. Schnell hatte Ersatzkaffee den Markt erobert, denn der »echte« war nicht immer erhältlich und teuer. »Surrogatkaffee war schwarz und trübe, der echte Kaffee war zwar auch schwarz, aber klar. Da man anfänglich den Kaffee aus der Untertasse trank, war es kein Wunder, daß die Blümchen am Boden der Porzellan-Schalen zu sehen waren. Die Begriffswandlung setzte ein, als das Gebräu aus den Obertassen und immer stärker getrunken wurde und durchscheinende Blümchen, oder der Tassenboden überhaupt, dünnen oder falschen Kaffee entlarvten.« Bereits 1729 wurde der Ausdruck erklärt: »Blümgen-Coffée, so nennen die Leipziger den Coffée, wenn er allzu dünne ist, weil man die Blümgen auf dem Boden der Coffée-Tasse dadurch sehen kann.« Heute zieren die Tassenböden keine Blumen mehr.

Von wegen Bliemchenkaffee! Die Sachsen haben zur Kaffeeentwicklung Erhebliches beigetragen. Als Johann Lehmann, seines Zeichens Wirt am Leipziger Markt, August dem Starken 1707 eine Tasse Kaffee in die Kutsche reichte, wurde er zum Hofchocoladier ernannt, der Name Kaffee hatte sich noch gar nicht durchgesetzt. Bald ließ sich der König eine Tür von seinem Quartier zum Kaffeeausschank im Nachbarhause brechen. 1716 heiratete der Witwer Lehmann die 17-jährige Gastwirtstochter, deren Vater er das Gebäude an der Fleischergasse 4 abkaufte. Dort wurde 1719 das Haus *Zum arabischen Coffe-Baum* eröffnet. Heute Deutschlands älteste, stets als Kaffeehaus betriebene Gastwirtschaft. Bach komponierte in Leipzig seine Kaffeekantate, aufgeführt im Jahre 1734 im Zimmermannschen Kaffeehause. Lene Voigt verewigte das Kaffee-Gespenst, das »säddsde sich's hin undorn Lilichenschdeen un braude sich Gaffee. Nee, roch där scheen!«

Aber lange Zeit trübte der Kaffeesatz den Genuss, der krümelig samt Bitterstoffen auf der Zunge liegen blieb. An der Behebung des Problems versuchten sich Theoretiker, Wirte und Hausfrauen. Säckchen und Metallfilter halfen nicht wirklich. Die Dresdnerin Melitta Bentz durchlöcherte eine Konservenbüchse und legte darein ein zurechtgeschnittenes Löschblatt aus dem Schulheft ihres Sohnes. Das Verfahren meldete sie beim Patentamt an. Am 15. Dezember 1908 wurde die am 31. Januar 1873 geborene Dresdnerin offiziell zur Unternehmerin und ihr Name zur Marke: Melitta.

Das Nationalgetränk der Sachsen ist der Kaffee – dass sie aber dünne Lorke tränken, ist kein Irrtum, sondern eine böswillige Unterstellung!

Der Biathlon startete erstmals in Zinnwald

Irrtum! *Aber …*

… die Sage von der Entdeckung des Biathlon-Sports hat sich in die Cocktail-Mixturen Sachsens geschrieben: Zinnwalder Moor.

Zinnwalder Moor nennt man im Osterzgebirge ein Getränk, das den Startschuss für den Biathlon-Sport gab. Der »Zinnwalder Mohr« hatte das Rezept aus seiner Heimat mitgebracht, aber diese Bezeichnung hatte so was von Kolonialherren, und diese Zeiten sind ja, Gott sei gelobt, lange vorbei. Deshalb hat man den Namen der Zeit angepasst, und ein Hochmoor existiert ja auch nahe Zinnwald.

Mit dem afrikanischen Mohren hatte es folgende Bewandtnis: August der Starke hatte ihn in Afrika als Fachkraft für Banane, Kamelie und Litschi kaufen lassen. In der Orangerie zu Groß-sedlitz häkelte er, rechte und goss. Doch litt der Mohr im Elbtal unsäglich, bis die Richlinde aus Zinnwald neben ihm im königlichen Garten ihr praktisches Jahr ableisten musste. Die beiden verliebten sich über beide Ohren gewaltig. Aber Richlinde war dem Jäger Beathus Uslon versprochen. Der preschte ins Tal und holte die Maid heim und zu sich.

»Ich werd' dich erretten!«, rief der Mohr und reiste seiner Liebe alsbald nach ins Gebirgsdorf. Die konnte ihr Glück nun kaum fassen und raffte in Eile nur die allernotwendigsten Sachen für eine Flucht durch die Wälder. Doch vermeinte der Jägermeister Beathus in den dabei entstehenden Lauten Jagdwild zu hören. Die Spuren im Schnee jedoch waren deutlich: Beathus erkannte, wer sie hinterlassen hatte, und folgte ihnen in Wut. Er hetzte die Liebenden über Stock und über Stein, steile Hänge hinauf, kantige Felsen hinab, über Felder hinweg und liebliche Auen. Der jungen Maid aber mussten einmal die Kräfte versagen. Der Mohr stand ihr bei.

Mit einem kühnen Schischwung kam der Jägermeister von Zinnwald zum Stehen. »Haltet ein!«, sprach der Mohr zu Beathus, »und so Ihr ein rechter Mannskerl wohl seid, lasst uns um Richlinden in fairem Wettstreite kämpfen. Wählet die Waffen!«

Der Jägermeister glaubte nicht recht zu verstehen: Überließ der Mohr die Waffenwahl ihm, dem im Kampfe Erprobten? »So sei es!«, rief er, »wir nutzen die Schi und schießen während der Fahrt zweimal auf fünf stehende Hasen!«

»So sei es«, sagte der Mohr und schlug ein. Über der vor Schreck und Ermattung zu Boden gesunkenen Richlinde reichten sich die Rivalen die Hände.

Unser Mohr jedenfalls stammte aus Tete, einer Stadt in den Tiefen des heutigen Mosambik, und der nach Sachsen verkaufte Mann dunkler Haut erinnerte sich der *Teter Kampflust* aus seiner Jugend. Diesen Trunk boten die Alten seines Stammes stets vor dem Kampfe den Kriegern dar, auf dass sie siegreich auch heimkehren würden.

Das Rezept lautete folgendermaßen. »Wir benötigen 7 Liter Rum Light-Dry und genau selbiges Maß an Rum Premium Black, so wie ihn die Seefahrer nutzen, um über Wellen und Einsamkeit wegzukommen. Dazu jeweils 7 Liter aus der Orange und Pampelmuse, vom Ananassaft benötigen wir nur 2,5 Liter, aber vom Kirschsaft brauchen wir 5. Ist Ihnen die Mischung nun noch zu herb, geben Sie weiter Zuckersirup zu, hat sie dagegen der Süße zuviel, mischen Sie reinen Zitronensaft drunter. Und natürlich schneiden Sie Obst darein, vor allem all die schwarzafrikanischen Früchte. Servieren Sie das Getränk vom Eise gekühlt, denn ganz verständlich, auch in Mosambik reicht man es kalt. 400 Gläser birgt die Cocktail-Rezeptur.«

Verbissen und nur mit Richlindens Hilfe trainierte der Mohr das schnelle Gleiten auf Schiern im königlichen Park von Großsedlitz und schoss wohl auf viele der niedlichen Putti. Bis heute sind nicht all seine Schussspuren beseitigt. Die Zutaten für die Kampflust aus Tete stahl der Mohr heimlich aus den Räumen der Orangerie. Und all diese Mühen der Ebene zahlten sich aus, das von keinem Geglaubte geschah: Der Teter Mohr besiegte Beathus Uslon, den Jäger, in fairem Streite. Uslon bot dem Mohren seine Hand, und eine immerwährende Freundschaft wurde geschlossen. Bald darauf freite der Mohr seine Richlinde, Beathus war Zeuge. Dies sei die erste schwarzweiße Ehe auf sächsischer Erde (zumindest der Hautfarbe nach), berichtet die Chronik. Fortan maßen sich beide Männer jährlich im Kampf auf Schiern mit Gewehr unter den lächelnden Augen der holden Frau, und andere Dorfbewohner taten es ihnen gleich. Der Zinnwalder Mohr gab dem Sport, den er jetzt hier trieb im Gebirge, den Namen seines wirklichen Freundes: Beathususlon. Nach Jahren, als diese Sportart auch international Usus wurde, strich man das Usus, und Beathlon blieb als Name noch über. Dass er Biathlon heute heißt, ist einer Lautverschleifung geschuldet. Nee heißt woanders auch nö, ni, naa oder nein.

Biathlon startete man erstmals in Zinnwald – kein wirklicher Irrtum, sondern eine Sage, die man gern immer wieder erzählt. Vor allem trinkt – Saúde!

Anatomisch falsch: der Goldene Reiter

Irrtum? *Tatsächlich ...*

... wurde am berühmten Standbild ein Detail vergessen, das den Künstler Ludwig Wiedemann bei der Entdeckung seines Fehlers augenblicklich vom Schlag getroffen niedersinken ließ. Sein Bildnis hätte August dem Starken gefallen: er als Held auf hohem Ross zum Sprung nach Polen. Noch zu Lebzeiten des Königs hatte man begonnen, das Denkmal zu fertigen. Dem Regenten war der junge französische Bildhauer Jean Joseph Vinache aufgefallen, der bereits im Alter von zwölf Jahren an der Pariser Académie Royale de Peinture et de Sculpture studierte. August der Starke holte das Wunderkind nach Dresden und forderte von ihm, ein »beispielloses Reiterstandbild« zu schaffen. Vinache begann mit der Arbeit. Der Künstler zeigte den Regenten auf hochspringendem Ross, ganz so wie antike Feldherren in Heldenpose. Schuppenpanzer und Regentenstab waren Insignien für Kraft, Mut und Macht. Cäsar war Vorbild. 1717 bis 1730 entstanden Vinaches Modelle aus Gips und später in Bronze, eines der Letzteren bewahren die Kunstsammlungen Dresdens in ihrem Fundus. Statisch ist Vinaches Werk eine gutberechnete Meisterleistung: Das Pferd steht nur auf seinen Hinterläufen und dem Schwanz. Die Skulptur war vielfach Vorbild für Denkmäler, unter anderem für das des Zaren Peter I. in St. Petersburg. Nach Vinaches Modell fertigte Ludwig Wiedemann eine in Kupfer getriebene Skulptur, die feuervergoldet wurde. Als Standplatz wählte man den Dresdner Neumarkt in der Achse Augustusbrücke – Albertplatz. Zacharias Longuelune entwarf den sandsteinernen Sockel. Am 26. November 1736 wurde der Goldene Reiter feierlich enthüllt und dann geweiht. Zur ersten Restauration 1884 versah Constantin Lipsius das Denkmal mit der lateinischen Inschrift: »Friedrich August I. / Herzog von Sachsen, Kurfürst und Erzmarschall des Heiligen Römischen Reiches, König von Polen. / August II.« Im Zweiten Weltkrieg wurde der Goldene Reiter in Einzelteile zerlegt und ausgelagert. Walter Flemming, Dozent an Dresdens Kunsthochschule, setzte das Denkmal zwischen 1953 und 1956 wieder zusammen. Nochmals restauriert wurde das Kunstwerk 2003. Seitdem glänzt es und zeugt von Sachsens Blüte im Barockzeitalter.

Logische Folge: Der Goldene Reiter zieht viel Aufmerksamkeit auf sich, sein Name wird für Restaurants und Preise, Desserts und andere Marken genutzt. Joachim Witt machte ihn zum deutschen Hit: »Hey, hey, hey, ich war der Goldene Reiter!« Das Standbild ist Treffpunkt für Verliebte, Kundgebungen und Fremde. Jede Stadtrundfahrt rollt an ihm vorbei. Gästeführer erzählen die königlichen Geschichten der goldenen Zeitalter. Doch ist Sachsens größter Herrscher auch Ziel von Rowdys und Vandalen. So meldete die Polizei am 17. Juli 2011: »Sonntagfrüh um 5.30 Uhr war Sachsens König in Not. Als der 67-jährige Hans-Jörg S. auf seinen Balkon auf der Dresdner Hauptstraße trat, um herauszufinden, wer da so furchtbar lärmt, wurde er Zeuge eines infamen Angriffs auf August den Starken: ›Vier junge Männer in T-Shirts, Schlabberhosen und mit kurzgeschorenen Haaren‹ belagerten den Goldenen Reiter. Zwei standen auf dem Sockel, das Duo unten lieferte sich lautstark ein Gefecht. ›Einer kämpfte mit Augusts Schwert!‹, so der Beobachter empört. Er rief sofort die Polizei und hoffte, die würde noch rechtzeitig eintreffen, um die vier auf frischer Tat zu stellen. Doch unterdessen waren die zwei übrigen Randalierer vom königlichen Sockel herabgestiegen. Gemeinsam brach das Kleeblatt auf – der Eroberer des Schwerts hatte seine Trophäe stolz geschultert. ›Ich lebe schon lange in Dresden und immer wieder hat es hier mal hirnlose Umtriebe gegeben‹, kommentierte der erboste Zeuge, ›aber das …‹ Der kargen Polizeimeldung zufolge haben die Vandalen im Alter zwischen 20 und 22 Jahren die Schwertscheide am Griff abgebrochen.« Auch die Raubtiergebisse am Sockel waren Anschlagsziele: 2011 und 2015 wurden sie den Löwen ausgeschlagen.

Und doch fehlt am schönen Schein etwas anatomisch Entscheidendes: Die Zunge des Lipizzanerhengstes, den der König forsch reitet, ward vom Künstler vergessen. Das sei der Tribut gewesen, den Bildhauer Ludwig Wiedemann dem Teufel habe zahlen müssen, damit sein Kunstwerk gelinge. Denn die gezeigte Bewegung ist statisch unmöglich. Damit das Standbild steht, musste der Bildhauer also einen faustischen Vertrag mit Mephisto schließen. Erst nachdem das Denkmal enthüllt worden war, wurde das Fehlen des Körperteils bemerkt: Der Gaul war ohne Zunge gezügelt. Welch eine Blamage! Den Künstler traf augenblicklich ein tödlicher Schlag.

Anatomisch falsch: der Goldene Reiter – kein Irrtum. Doch wird der Fehler von keinem Betrachter bemerkt, wenn man ihn nicht darauf aufmerksam macht.

Die Gerbera ist ein Gewächs der Neiße-Auen

Irrtum! *Denn ...*

... natürlich sprießt sie in Südafrika und Madagaskar. Tatsächlich aber gäbe es die Gerbera nicht ohne Sachsen, nicht in der afrikanischen Natur und nicht im Laden.

»Blumensträuße erhalten durch diese farbenprächtige Blüte eine besonders frühlingshafte und farbenfrohe Note. Die leuchtenden Blumenarrangements passen perfekt für alle Anlässe!« Längst hat die Gerbera ihren weltweiten Siegeszug in jedes Blumengeschäft angetreten, sie ziert Festtagstische und Zeremonien. Beim Verlegenheitskauf für Festlichkeiten wie Geburtstag, Hochzeit oder Beerdigung ist sie stets angebracht und freudebringend: »Die Gerbera ist eine der meistverkauften Schnittblumen. Auch kann man sie als Zimmerpflanze ins Haus holen. Dann gedeihen die Pflanzen das ganze Jahr über. Sie blühen in allen Farben: weiß, gelb, orange, rot, rosa, violett.« Einfach. Schön.

Im Jahr 1737 hat der holländische Botaniker Jan Frederik Gronovius Pflanze und Blüte erstmals beschrieben. Man nannte sie Äthiopische Aster. Sie ist nicht nur in Afrika, sondern auch im Himalaya, in Madagaskar und China heimisch. »Die Gattung gehört zur Pflanzenfamilie der Korbblütler. Ihre Arten und Sorten sind mehrjährige, nicht winterharte krautige Pflanzen. In grundständigen Rosetten stehen die meist fiederteiligen oder einfachen Laubblätter zusammen. Die Blattränder sind einfach, gezähnt bis gesägt. Die Blätter können behaart oder unbehaart sein.« Botaniker Gronovius gab der Pflanze einen neuen Namen: Gerbera. Er gedachte damit dem Pfarrerssohn Traugott Gerber aus Zodel bei Görlitz.

Fakten gibt es wenig über Traugott Gerbers Leben. Feststeht eins: Er wurde in Zodel, einem Dorf an der Neiße, am 16. Januar 1710 als viertes Kind des Pastorenehepaares Johann George Gerber und Gattin Sidonia, geb. Pfeiffer, auf den Namen Traugott getauft. Als Student ließ sich Traugott am 29. April 1730 an der Universität Leipzig immatrikulieren. Fachrichtung: Medizin. Dort wurde er am 29. Juli 1735 promoviert, seine Dissertation trug den Titel *De Thoracibus – Vom Brustkorb*. Dann suchte sich Traugott eine Festanstellung. Das Land der Verheißung war zu damaliger Zeit das Russische Reich. Gerber folgte einem Ruf der Zarin Anna Iwanowna. Er legte in Moskau einen medizinischen Garten an und erteilte Unterricht in Kräuterkunde. Seitdem gilt er der Stadt als Gründer ihres botanischen Gartens, ist den Moskowitern verehrter Held. Traugott Gerbers Interesse galt stets den Pflanzen. So unternahm er im Zarenreich ausgedehnte Expeditionen an Wolga, Dnjepr und Don. Er suchte und untersuchte die Kräuter der Gegend und beschrieb unbekannte Pflanzen. Die Botanik als Wissenschaftsdisziplin existierte noch nicht. So machte ihm ein Freund Mut: »Ein wunderschönes Feld steht Ihnen offen; aber ich sehe leicht, daß eine Arbeit weniger angenehm ist, welche niemand schätzt, wo es fast kein Wissen gibt, da es niemanden bekannt ist. Gehen Sie inzwischen mit kühnerem Schritt vorwärts!« Der Botaniker Gerber fand international kollegiale Anerkennung, so dass Jan Frederik Gronovius (1686–1762) jener Äthiopischen Aster seinen Namen verlieh: Gerbera. Carl von Linné übernahm diese Bezeichnung 1751 in seiner *Philosophia Botanica* und machte Traugott Gerber damit unsterblich.

Gerber zog als Armeearzt in den russisch-schwedischen Krieg. Seinen letzten Brief schrieb er am 1. Februar 1743 in Wyborg, nördlich von St. Petersburg. Anzunehmen ist, dass er dort durch Frost, Kampf oder Krankheit den Tod fand. Gerbers botanische Aufzeichnungen lagern in Moskauer Archiven. »Es könnte sich früher oder später eine günstige Gelegenheit ergeben, Ihre aus unbekannten Ländern geholten Schätze an Deutschland, Ihrer dankbaren Mutter, abzuliefern, ich wünsche das jedenfalls so«, schrieb sein Freund 1742, doch blieben die Unterlagen vor Ort. Gerbera-Kenner und -Züchter Peter Ambrosius gelang es 2000, diese Papiere als Kopien nach Zodel zu holen. Dort ist man bestrebt, dem namhaften Sachsen ein Museum zu widmen. Am 24. März 2001 übergab der Bürgermeister dafür die Schlüssel. Ein Verein gründete sich. Die Grundschule trägt Gerbers Namen.

1888 wurde die Gerbera in Europa heimisch. Schnell hat sie sich zu einer der beliebtesten Blüten entwickelt: bunt, robust, einfach. »Oh, danke liebe Gerbera, du bringst bei mir nicht nur Licht ins Dunkle, da geht doch gleich die Sonne auf.«

Die Gerbera ist ein Gewächs der Neiße-Auen – ein Irrtum. Aber ohne Sachsen würde man ganz anders von der Blume reden.

Schweizer erfanden die Sächsische Schweiz

Irrtum! *Denn* …

… was schon da ist, kann man nicht erfinden. Doch tatsächlich gaben Schweizer der Sächsischen Schweiz ihren Namen. Der Schweizer Porträtist Anton Graff (1736–1813) war ein anerkannter Meister, als er 1766 den Ruf an die neugegründete Dresdner Kunstakademie erhielt. Seine Anstellungsbedingungen waren großzügig. Der Künstler residierte am Dresdner Altmarkt just in dem Hause, in dem C. M. von Weber Jahre später den *Freischütz* komponierte. Zur selben Zeit wurde auch Graffs Landsmann Adrian Zingg (1734–1816) an die Hochschule berufen. Widmete sich Anton Graff Gesichtern, so porträtierte Zingg mit akribischer Genauigkeit Landschaften und gilt als Wegbereiter der Dresdner Romantik. Er beeinflusste in Bildkomposition und Motivwahl Künstler wie Caspar David Friedrich und gab sein Kunstverständnis an zahlreiche Studenten weiter, unter anderem an Ludwig Richter.

»Gebildet ist, wer Parallelen sieht, wo andere etwas völlig Neues zu erblicken glauben.« Natürlich hatten die Maler-Kollegen Zingg und Graff ihr Geburtsland nicht vergessen. »Von ihrer neuen Wahlheimat aus sahen sie ostwärts, etwa einen Tagesmarsch entfernt, ein Gebirge liegen. Es zeigte ein merkwürdig abgeflachtes Panorama, ohne eigentliche Gipfel.« Die Künstler fühlten sich von dieser Landschaft an das Schweizer Jura erinnert und so nannten sie das Gebirge an der Elbe Sächsische Schweiz. Vordem hieß es weniger romantisch: Heide über Schandau oder Meißnisches Oberland. Die Schweizer

Künstler gaben diesem Blickfang nicht nur den Namen, sondern bereisten das Gebiet auch wiederholt. »Einer der ersten gemeinsamen Ausflüge in die Sächsische Schweiz dürfte Anton Graff und Adrian Zingg noch etwas länger in Erinnerung geblieben sein. Die beiden Freunde machten Ende August 1766 einen Ausflug in die Umgebung von Dresden. Es war Adrian Zingg, der bei dieser Gelegenheit Prospekte von der Festung Königstein zeichnete. Dies kam einigen Ordnungshütern wohl verdächtig vor, und sie verhafteten die beiden Schweizer. Das Missverständnis scheint sich dann aber schnell aufgeklärt zu haben, denn weitere Folgen blieben offenbar aus.« – Gebildet ist, wer Parallelen sieht.

Wilhelm Leberecht Götzinger war 1783 Hauslehrer zu Hohnstein und angewidert von Dünkel, Vetternwirtschaft und Ignoranz in der Amtsverwaltung. Er durchwanderte in seiner Freizeit ausgedehnt die rechtselbische Gegend. Seine Erfahrungen mündeten 1786 im Buch: *Geschichte und Beschreibung des Chursächsischen Amts Hohnstein mit Lohmen: insbesondere der unter dieses Amt gehörigen Stadt Sebniz*. 1804 folgte sein Hauptwerk *Schandau und seine Umgebungen oder Beschreibung der sogenannten Sächsischen Schweiz*. Damit machte Götzinger den von den Schweizern gegebenen Namen für die Landschaft allgemein bekannt und gebräuchlich. »Das Buch basierte auf ausgedehnten Wanderungen und enthielt nicht nur eine Reisebeschreibung, sondern schilderte auch in anschaulicher Weise Fakten über die Geschichte, Flora, Fauna, Topographie und Geologie der Sächsischen Schweiz und angrenzender Randgebiete. Fehlende eigene Fachkenntnisse ergänzte Götzinger durch das Heranziehen von Spezialisten, die ihm z. B. bei der Benennung von Pflanzen und Insekten halfen. Nach der Veröffentlichung arbeitete Götzinger kontinuierlich an einer Fortschreibung seines Hauptwerkes, das 1812 bereits in einer um 150 Seiten erweiterten zweiten Auflage erschien.«

Dieses Werk begründete den Tourismus in dieser Gegend.

»Gott sei Lob, ich bin wieder auf dem Lande, drei Stunden von Dresden in der reizendsten Gegend von der Sächsischen Schweiz, und fange wieder an, als Mensch und Künstler aufzuatmen!«, meinte Richard Wagner. Die Sächsische Schweiz inspirierte fortan viele bekannte Künstler. Webers *Freischütz* wäre ohne die bizarren Felsformationen gar nicht zu denken, aber auch Werke von Carl Gustav Carus, Caspar David Friedrich, Robert Blum, Mary Shelley, Theodor Fontane, Ludwig Richter, Peter Rosegger, Hans Christian Andersen … Der bekannteste Wanderweg ist heute als Malerweg ausgeschildert, er verbindet inspirierende Aussichten mit bekannten Sehenswürdigkeiten: Liebethal, Lohmen, Hockstein, Bastei, Rathen, Hohnstein, Amselfall, Polenztal, Schandau, Kirnitzschtal, Haidmühle, Kuhstall, Großer Winterberg, weiter in die Böhmische Schweiz zum Prebischtor und Hernskretschen. Für die Rückfahrt empfiehlt sich das Elbschiff.

Schweizer erfinden die Sächsische Schweiz – ein Irrtum! Aber ohne die Schweizer hätte die Sächsische Schweiz einen anderen Namen – unvorstellbar!

Die Dardanellen liegen vor Dresdens Toren

Irrtum! *Denn …*

… die Dardanellen sind »eine zur Türkei gehörende Meerenge im Mittelmeer, zwischen der Ägäis und dem Marmarameer«. Und doch kennt auch die königliche Freizeitanlage in Moritzburg ihr Mittelmeer.

Alexej Grigorjewitsch Orlow (1737–1807) war europaweit Legende – Kriegsheld, Putschist und Zarenmörder. Katharina die Große rief er zur Kaiserin aus. Auch dafür liebte sie ihn. Als Admiral der Flotte schlug Orlow im russisch-türkischen Krieg erfolgreich die Seeschlacht zu Çeşme. 1775 war Sachsens Kurfürstin Maria Amalie Auguste (1752–1828) von diesem Russen begeistert und vermittelte ein Treffen mit ihrem Gatten, dem König von Polen und erstem König von Sachsen. Friedrich August I., der Gerechte (1750–1827), empfing Orlow im Dresdner Schlosse und ließ sich erzählen. Der Kurfürst war vom Schlachtengemälde seines Gastes mehr als beeindruckt. In Moritzburg ließ er daraufhin ein Kriegsschiff bauen, und dort ging es auch zu Wasser. Am 10. September 1776 vermeldete das Hofjournal: »Früh 6 Uhr nach angehörter Meße, erhoben sich beyderseits Churfürstliche Durchl. nebst denen beyden durchlauchtigsten Prinzen Anton und Maximilian, in Begleitung der Cammerfrl. v. Osten, Cämmerer Graf Marcolini, Geh. Rath Freyherr v. Thurn, Cammerherr und Reisestallmeister Swinarskj, und Cammerherr v. Nauendorff, nacher Moritzburg, allwo der geschehenen Invitation zu Folge, auch Ihre, des Prinzens Carls, und der Prinzeßin Maria Anna Durchl. eingetroffen waren, geruhten daselbst ein nach

Art eines Transport Schiffes, mit 2 Masten und 1 Bögspriet erbautes Lust Schiffgen, welches auf einem derer dasigen Teiche vom Stapel gelaßen worden, und von welchem die höchsten Herrschaften bey hochstdero Ankunft mit Canonen-Schüßen bewillkommnet worden, zu besteigen, und die innere Einrichtung deßelben in hohen Augen schein zu nehmen.«

Bei diesem Augenschein beließ es seine Durchlaucht nicht. Der Kurfürst beschloss, auf dem Großteich bei Bärnsdorf die Seeschlacht zu wiederholen. Die Uferlandschaft wurde der von Çeşme nachgestaltet. Ein Hafen mit Mole und Leuchtturm entstand. Im See wurden Inselchen aufgeschüttet. Eine trug den Teesalon, die andre eine Festung. Ein Kanal wurde gegraben, dessen Mündung die Dardanellen nachgestaltete. Fortan belustigte sich die Hofgesellschaft am Seekrieg mit Kanonendonner und Feuerwerk. Bauern dienten als Statisten. Ein Spaß, den die napoleonischen Eroberungszüge beendeten. Reste des Moritzburger Schlachtfeldes sind heute noch sichtbar.

Gut erhalten ist der 21,8 Meter hohe Leuchtturm, das einzige Binnenleuchtfeuer, das nur für Lustbarkeiten entstand. Seine rosarote Farbe erinnert an die Backsteinbauten der deutschen Meeresufer. Auch in der Architektur empfindet er solche Küstenbauten nach: »Die unteren sechs Meter, die auf einem kreisrunden Sockel stehen, sind in der Form eines sich nach oben verjüngenden Kegelstumpfs ausgeführt. Darüber liegt ein Gurtgesims. Oberhalb davon, im mittleren Teil des Turms, setzt sich der zweigeschossige Schaft in der Form eines geraden Kreiszylinders von noch einmal sechs Metern Höhe fort. Den oberen Teil machen das zweiteilige, geschwungene Kupferdach, die achteckige Laterne mit ihren schmalen, hohen Fenstern und dem Lampenhaus sowie die Wetterfahne aus.« 74 Stufen einer stählernen Wendeltreppe führen auf die Aussichtsplattform. Der Feldherr hat von da den Überblick:

Das nächste Ufer ist 500 Meter entfernt, das nächste Meer 400 Kilometer.

In der Umgebung ist noch weiteres königliches Spielzeug zu finden: Das Fasanenschlösschen nutzte Friedrich August I. als Sommerresidenz. Das ehemals davor gelegene Garnhaus war eine Voliere. Das ganze Revier, der Friedewald, war ummauert, um die wilden Tiere so zu halten, dass die herrschaftlichen Büchsen es auch trafen. Das Hellhaus steht am höchsten Ort, es war Mittelpunkt von acht Schneisen: dem Jagdstern. Der Helfer stand auf hohem Posten und berichtete, wohin das Freiwild sich bewegte. Drunter durch führt der Hohburgtunnel, er ersparte Kutschen den Berg, ist aber auch für Geister gut. 22 Teiche mit 418 Hektar Wasserfläche wurden in den Wäldern angelegt. Sie sind durch ein kompliziertes Kanalsystem miteinander verbunden. In manchem züchtet man Karpfen. Die Wasserstände sind regelbar, damit das Abfischen leichterfällt. Und: Kam es zur Schlacht auf dem Großteich, konnten die Wellen bei den Dardanellen hoch schlagen. Der Leuchtturm hob die Szenerie in bizarres Licht.

Die Dardanellen liegen vor Dresdens Toren – kein Irrtum, jedoch wurde der Name in der Moritzburger Teichlandschaft als spielerisches Gleichnis vergeben.

Fürst Pückler erfand sich sein eigenes Eis

Irrtum! *Denn …*

… standesgemäß hat Fürst Hermann von Pückler-Muskau niemals in der Küche gestanden, geschweige denn Rezepte ausprobiert. Seinen Namen aber hat man einer kalten Delikatesse verliehen: Fürst-Pückler-Eis.

Der »Mundkoch seiner Majestät« von Preußen, Louis Ferdinand Jungius, erwähnte 1839 erstmals ein dreischichtiges Sahneeis unter dem Namen Pückler. Es bestand vornehmlich aus den Zutaten: Sahne, Zucker, frischen Früchten, im Winter alternativ dazu aus Konfitüre. »Daraus entwickelte sich später eine Zubereitung aus Schokoladen-, Fruchteis und einer mit Maraschino aromatisierten hellen Makronen-Eis-Masse. Die heute als Fürst-Pückler-Eis bezeichnete Spezialität ist in der Regel eine Kombination von Schokoladen- und Erdbeer- oder Himbeer- mit Vanilleeis«, deren Schöpfung nicht Louis Ferdinand Jungius für sich beansprucht. Wie dem auch sei: Sehr bekannt und verbreitet ist die Fürst-Pückler-Schnitte, bei der dreischichtige Eiscreme zwischen zwei Waffeln oder als Eispastete angeboten wird.

Fürst Pückler hat den preußischen Hofkoch wahrscheinlich nie persönlich getroffen, und ob er dessen Eiskreation gegessen hat, bleibt ungewiss. Einzig überliefert sind von ihm in puncto Mahlzeit *Tafelbücher*, in denen er auflistet, was er mit wem am Tische speiste. Oft erwähnt er die Desserts: Kompotte, Cremes oder Gefrorenes.

Interessanter als die Eis-Namensgebung liest sich die Biographie des Fürsten Hermann Ludwig Heinrich von Pückler-Muskau (1785–1871). »Wer mich ganz kennenlernen will, muß meinen Garten kennen, denn mein Garten ist mein Herz.« Als Person war Pückler ein Enfant terrible der Zeit und begnadeter Landschaftsgestalter und Erzähler. Er wurde als Erstes von fünf Kindern auf Schloss Muskau geboren. 1800 immatrikulierte er sich zum Jurastudium in Leipzig, wurde jedoch bald Militär und geriet in den napoleonischen Kriegen unter Spionageverdacht. 1812 bereiste er England und entdeckte seine Berufung: Landschaftsbildner: »Wenn der Park eine zusammengezogene idealisierte Natur ist, so ist der Garten eine ausgedehntere Wohnung. Beide sind zwar sehr verschiedene Dinge, und es ist vielleicht einer der Hauptfehler aller mir bekannten deutsch-englischen Anlagen, daß dieser Unterschied fast nie gehörig beobachtet wird, so daß einem auch hier nur zu oft nichts als ein Rührei von Kunst und Unsinn entgegentritt.«

Fürst Pückler galt als Don Juan, war nie älter als dreißig und färbte die Haare. Um sich finanziell zu sanieren, ehelichte er 1817 die wesentlich ältere Lucie von Hardenberg. »Deine Liebe bei unserm Abschied hat mir so wohl und weh getan, daß ich mich noch nicht davon erholen kann. Immer steht Deine kummervolle Gestalt vor mir, ich lese noch den tiefen Schmerz in Deinen Blicken und Tränen, und mein eigenes Herz sagt mir nur zu sehr, was Du dabei empfunden haben mußt. Gott gebe uns bald ein so freudiges Wiedersehen, als der Abschied traurig war!« 1826 ließen sie sich pro forma scheiden. »Du bleibst Henne, ich Ente. Das kann kein Gott mehr ändern.« Pückler versuchte, erneut reich einzuheiraten. Das misslang. Das Schiff zu einer geplanten Brautschau in Amerika verpasste er aufgrund eines Duells. So fuhr er als Staatsgast nach Ägypten und bereiste Nordafrika: »Nichts ist vielleicht belohnender in der ganzen Welt für den Empfänglichen, als die Ruinen des hunderttorigen Theben zu schauen – und bestimmt nichts langweiliger, als ihre Beschreibung zu lesen, wenn die Touristen, ohne einen bestimmten gelehrten Zweck dabei zu verfolgen, dennoch von allen Details, mit dem Maßstock und dem leitenden Buche in der Hand, die genaueste Rechenschaft geben zu müssen glauben.« Im Sudan kaufte er sich 1837 die 14-jährige Machuba als Gespielin. Als er entkräftet die Heimreise antrat, nahm er die erkrankte Machuba mit sich. Daheim war die schöne Schwarze Sensation wie auch Anlass für Gespött und üble Nachrede. Als die Geliebte an Tuberkulose erkrankte, erhoffte sich der Fürst Genesung durch heilendes Quellwasser der Gegend. Der gesundheitliche Erfolg blieb aus, und die Schöne wurde fern ihrer afrikanischen Heimat begraben.

Pücklers Welterfahrungen und Reiseberichte wurden Bestseller. In seinem Heimatort Muskau gestaltete er den Park beidseits der Neiße und brach mit der in Deutschland herrschenden Tradition der Anlage von Parkanlagen. Schließlich widmete er sich ganz der Schriftstellerei und war der erste Autor, der Kohlepapier für Durchschläge benutzte. »Da eine Einäscherung Verstorbener damals verboten war, griff er zu einer provokanten List und verfügte, dass sein Herz in Schwefelsäure aufzulösen sei und der Körper in Ätznatron, Ätzkali und Ätzkalk gebettet werden solle. So wurde er am 9. Februar 1871 beigesetzt.« Sein Grab: die Seepyramide im Teich des Branitzer Schlossparks.

Fürst Pückler erfand sich sein eigenes Eis – ein Irrtum, der jedoch am guten Geschmack der Spezialität gar nichts ändert.

Ein Mann allein belagerte die Burg Scharfenstein: Karl Stülpner

Irrtum! *Oder zumindest …*

… eine Aufwertung der Ereignisse: So soll der Wildschütz Stülpner Karl es fertiggebracht haben, eine militärische Festung im Alleingang auszuhungern. Immerhin saßen im Gemäuer an die achtzig Mann bewaffnet.

So kann es natürlich nicht gewesen sein. Doch kennt jede Gegend Gestalten, die mit einem edlen Räuber à la Robin Hood vergleichbar sind. In Sachsen sagt man dies Michael Kohlhaas, Johann Karasek und dem Pascherfriedl nach – die doch meist nichts weiter waren als brutale Bandenführer und Mordbrenner. Doch indem sie sich gegen die herrschende Ordnung auflehnten und ihre Beute auch mit den Armen teilten, gelangten sie zu Ruhm und Ehre und wurden zum allgemeinen Schrecken der Obrigkeit. Eine wahre Legende unter den sagenhaften Sachsen ist jedoch der Stülpner Karl. Bereits zu seinen Lebzeiten verdiente er kärglich Lohn mit seinem Ruf. Unzählige Geschichten weiß man über ihn zu erzählen: Einer Leineweberfrau aus Zittau rettete er Leben, Ware und Geld, indem er brutalen Buben die Waffen aus den Fingern schoss. Sie berichtete überall, wo sie hinkam, von seiner guten Tat. Zwei verirrten Wanderern bot Stülpner in seiner geheimen Höhle Obdach. Auch sie erzählten davon jedem, der es hören wollte. Wildbret schmuggelte er nach Böhmen. Hungrige wurden davon satt. Einen Postraub verhinderte er, der Kutscher hatte bereits den Tod vor sich gesehen. Stülpner ist ein

Held. Und was für einer! Und er ist ein guter Sohn, denn Gefahr und tausend Häschern trotzend, kehrte er immer wieder heim zu Muttern.

Sie besuchte er auch an jenem Tag im November 1795, als er die Wirkung einer ganzen Armee erzielte: »Rabenschwärze bedeckte die Erde und wilder Sturm heulte durch den nahen Forst und die Klüfte, worunter sich das Rauschen des Wehres sowie das Klappern der Schloßmühle schaurig mischte.« Stülpner Karl lag im Mutterhaus ruhend auf der Ofenbank. Doch war die Anwesenheit seinen Häschern zugetragen worden. Stülpner hört's an der Haustüre klopfen. »Sogleich springt er von seinem Lager auf, um zu sehen, was es giebt. Als er nun die Hausflur so leise als möglich öffnete, so bemerkt er, trotz der großen Finsterniß, eine große Menge bewaffneter Menschen, und nun sogleich die ihm drohende Gefahr erkennend, verbirgt er sich so schnell als möglich und ohne weiter bemerkt zu werden hinter der Hausthüre.« Die Soldaten übersahen ihn, Stülpner konnte flüchten. Seine arme Mutter wurde unter Strafandrohung strengstens verhört.

Mit Waffen und Munition kehrte Stülpner wieder und stellte sich vor die Burg Scharfenstein, in der sich seine Häscher aufhielten. Als er einige Zeit so gestanden, »kamen jetzt die Localgerichten von Scharfenstein aus dem Schlosse. Sobald diese Stülpner gewahr wurde, donnerte er sie an: ›Wo wollt ihr mit meinen Sachen hin? Legt sie hier vor mir nieder, oder ich schieße euch alle zusammen!‹ Bestürzt und vor Angst klappernd, befolgten die Gerichten sogleich seinen Befehl, worauf er denselben anfohl, sogleich in das Schloß wieder zurückzukehren.« Als nächste Bedienstete, »alle beritten, aus dem Schloßthore herauskommen, rief er ihnen sogleich ein fürchterliches ›Halt!‹ entgegen. Diese, als sie Stülpner in seiner drohenden Stellung erblickten, wollten sogleich wieder in das Schloß zurückreiten, als plötzlich zwei Schüsse fielen, deren beide Kugeln das Hintertheil von dem Braunen des Oberförsters trafen.« Nun getrauten sich die Soldaten nicht mehr heraus aus ihrer Festung. Irgendwann zog Stülpner ab, die Herren im Schlosse freute das sehr.

Die wahre Biographie ist weniger heldisch: In ärmsten Verhältnissen wurde Karl Stülpner am 30. September 1762 in Scharfenstein geboren. Soziale Not ließ ihn sich als Soldat verdingen. Aus der sächsischen Armee desertierte er und war auf der Flucht. Nach Scharfenstein zurückgekehrt, versuchte er das gutbürgerliche Leben. Doch nur Wilddieberei konnte die soziale Not lindern. Doch es lebt die Legende: Stülpners Leben wurde 1835 bereits von ihm selbst erzählt und wieder erzählt. Später schrieben darüber unter anderem Kurt Arnold Findeisen und Erich Loest. Das Fernsehen der DDR sendete 1973 die »Stülpner-Legende«. Publikumsliebling Manfred Krug verkörperte den Helden, ihm zur Seite Stars wie Peter Sodann, Agnes Kraus, Michael Gwisdek und Thomas Langhoff. Die Serie blieb sagenhaft, denn sie wurde dem Osten nach Manfred Krugs Ausreise nie wieder gezeigt. Man erzählte sich Geschichten darüber. Unglaubliche. Heute steht das TV-Ereignis in den Regalen des Handels.

Ein Mann allein belagerte die Burg Scharfenstein: Karl Stülpner – ein Irrtum! Aber der Wildschütz hat ein paarmal vor dem Schlosse geschossen, und damit solche Wirkung erzielt, dass man noch heut davon spricht.

Die erste Eisenbahn fuhr von Leipzig nach Dresden

Irrtum! *Denn ...*

... die weltweit erste Zugverbindung gab es 1825 zwischen den Städten Stockton und Darlington im Nordosten Englands. In Deutschland waren es die sechs Kilometer Schienenlänge auf der Nürnberg–Fürther–Chaussee im Jahre 1835.

Aber bereits 1833 sah Friedrich List (1789–1846) große Perspektiven für das neue Verkehrsmittel und legte seine Pläne für ein deutsches Ferneisenbahnsystem nieder. Noch konnte er für diese Innovation nur wenige begeistern. Zwei Jahre später gründeten zwölf Leipziger Visionäre die Leipzig-Dresdner Eisenbahn-Compagnie, unter anderem Gustav Harkort, Carl Lampe, Wilhelm Theodor Seyfferth und Albert Dufour-Féronce. Sie vertrauten ihrem Instinkt und investierten ihr privates Geld in den Bau einer sächsischen Eisenbahn. Die Deutsche Bahn war also zu Beginn eine Privatinitiative. Der Bau des Schienenstrangs gen Dresden begann und war eine Herausforderung, deren erfolgreiches Bestehen keineswegs sicher. Dem sächsischen Oberwasserbaudirektor Karl Theodor Kunz oblag die Leitung. Andreas Schubert konstruierte die erste deutsche Dampflokomotive: die *Saxonia*. Der Spatenstich für die Geleise erfolgte am 1. März 1836. Nicht nur technische, auch natürliche Hindernisse mussten überwunden werden. Die Berge zu Machern wurden untertunnelt (später wurden sie ganz abgetragen). Flüsse wie die Elbe querte man. Die Muldenbrücke zwischen Wurzen und Bennewitz ist die erste Eisenbahnbrücke in Deutschland. Die Trasse war hölzern, die Pfeiler aus Rochlitzer Porphyr haben Zeit und

Fluten überdauert. Am 24. April 1837 wurden die ersten zehn Eisenbahnkilometer ab Leipzig in Betrieb genommen. Fünf Jahre später waren 115 km auf ganzer Strecke zu befahren. Sachsenstolz: List »feiere man als den begeisterten Vorkämpfer einer neuen schönen Zeit, als das Musterbild glühender Vaterlandsliebe und als den muthvollen Vertreter, der von ihm mit Prophetengeist für gut und richtig erkannten Sache eines deutschen Eisenbahnsystems«.

Der begeisterte Korrespondent bemerkte: »Es ist heute unvorstellbar, daß es jemals anders gewesen sein könnte, in den Wagen ohne alle Furcht oder sonstige Bedenken und spreche nur allenfalls seinen Unwillen darüber aus, daß die Fahrt nicht rascher vor sich gehe, daß die Wagen nicht bequemer seien, daß durch öfteres Anhalten zu viel Zeit verloren werde und was dergleichen mehr; wer aber der ersten Probefahrt von Leipzig nach Althen auf der Locomotive mit beigewohnt und gesehen habe, wie von den Tausenden von Zuschauern alles von dem neuen und wunderbaren Schauspiele tief ergriffen und selbst bis zu Thränen gerührt gewesen – man habe sich nicht einmal laut zu sprechen getraut, geschweige denn zu rufen; scheu und ängstlich haben die Dorfbewohner auf die unheimliche dampfende Maschine geschaut – der empfinde sicher heute noch die ganze Großartigkeit jener Schöpfung. ... Manche Wagen und Reiter versuchten den brausenden Stürmer aus der nahen fast parallel laufenden Chaussee zu begleiten, um an seine Kräfte und Schnelligkeit den richtigen Maßstab zu legen. Anfangs langsam rollend, brauste der Dampfwagen immer schneller und schneller dahin. Bald war er aus dem Gesichtskreise der ersten Zuschauer. Ueberall salutirten die aufgestellten Militärpickets und Wachen, jeder Bahnwärter stand gravitätisch auf seinem Posten und gab mit der vorgestreckten Hand das Zeichen, wie alles in Ordnung sei. Man flog über die zwei Chausseen, die Dörfer rechts und links liefen im Nu an dem Blicke vorüber. Sellerhausen, Paunsdorf, Engelsdorf, Sommerfeld – da lag Althen, und der Willkommensgruß des hier vereinigten Musikchors aus Leipzig löste die Militärmusik ab, welche den lärmenden Wagen auf der Fahrt zu übertönen gesucht hatte.« Anlässlich ihrer Verstaatlichung im Jahre 1876 wollte Wilhelm Seyfferth der Leipzig-Dresdner Eisenbahn-Compagnie und ihren Initiatoren ein Denkmal setzen. Zunächst hatte er einen Hügel bei Riesa dazu ausersehen, doch dann entschied er sich für den Standort des alten Dresdner Bahnhofs zu Leipzig. Der Obelisk im Promenadenring erinnert heute an die erste deutsche Fernbahnstrecke.

Die erste Eisenbahn fuhr von Leipzig nach Dresden – ein Irrtum. Aber die erste Ferneisenbahn auf dem europäischen Festland befuhr die Strecke erstmals am 7. April 1839. Nach dem Bau des zweiten Streckengleises betrieb man sie bis 1884 nach englischem Vorbild im Linksverkehr. Vorsicht an der Bahnsteigkante!

Im sächsischen Musikwinkel entwickelte man das Saxophon

Irrtum! *Dennoch...*

… hat Sachsen zur Musikentwicklung Entscheidendes beigetragen. Orchester, Konservatorien, Chöre, Instrumentenbauer von Weltrang haben im Freistaat ihre Heimat.

»Die Musik aber ist der wichtigste Teil der Erziehung: Rhythmen und Töne dringen am tiefsten in die Seele und erschüttern sie am gewaltigsten«, wusste schon Platon. Adolphe Sax (1814–1894) stammte aus einer Instrumentenbauer-Familie in Dinant, Belgien, und zog nach Frankreich, Paris. Dort meldete er das Patent für sein Musikinstrument an. Bereits 1840 hatte er es entwickelt und unter seinem Namen bekannt gemacht: das Saxophon. Denn er fand, dass »gut klingende Holzblasinstrumente der tiefen Lage fehlten, und wollte mit der Erfindung seines Saxophons ein Holzblasinstrument kreieren, das klanglich zwischen dem ›wärmend-biegsamen‹ Klang der Klarinette und dem eher ›durchdringenden, näselnden‹ Sound der Oboe liegt.« Es sollte so laut zu spielen sein wie eine Trompete und so schnell wie eine Klarinette. Dem Anschein nach ist das Instrument metallen, doch da das Mundstück meist aus Schilf gefertigt wird, und dieses dem Holz sehr ähnlich ist, zählt man das Saxophon zu den Holzblasinstrumenten. Diese Geschichte weist keine Verbindung zum sächsischen Freistaat auf, obwohl man Saxophone auch hierzulande spielt und fertigt.

Weltweit bekannt für seinen Instrumentenbau ist Sachsen durch den Musikwinkel, wie die Gemeinden des Vogtlands um

Markneukirchen, Klingenthal und Schöneck genannt werden. Der Name fußt auf Heimatdichter Max Schmerler, der den 1914 erschienenen Band seiner sächsischen Dorfgeschichten unter dem Titel *Aus dem Musikwinkel* veröffentlichte. »Sie nahmen, was die Natur ihnen in verschwenderischer Fülle selbst darbot: die Waldbeeren, das Holz der Tannen und Fichten, der Buchen und Ahorne und verarbeiteten es in ihre Instrumente hinein und machten es klingend in alle Welt: Vogtlandsgeigen und -flöten, aber auch Zimbeln und Schellen, Millionen und Millionen klingende, singende, lachende und weinende Tonerzeuger. In dem abgeschlossenen Bergland, fern den großen Straßenzügen der Welt, entstand ein bodenständiges Gewerbe, das fast ganz aus eigener Kraft und Eigenart sich auftat, befruchtet nur von den Erfahrungen der heimkehrenden Händler. Hierher, in den Musikwinkel, brachte auch ein Klingenthaler die Idee zur Mundharmonika und zur Ziehharmonika mit.« Nicht nur sie sind Exportschlager der Gegend. Jedes Instrument, das man sich vorstellen kann, kann hier gebaut werden. Natürlich auch Saxophone. Aber Sachsen zeichnen sich ebenso für andere Musikentwicklungen maßgeblich verantwortlich. Für die Hochzeit der kurfürstlichen Tochter Sophie Eleonore schuf Heinrich Schütz 1627 die erste deutsche Oper: *Dafne*. Uraufführung: Schloss Hartenfels, Torgau. Das Hammerklavier erfand Christoph Gottlieb Schröter, der 1699 zu Hohenstein in der Sächsischen Schweiz geboren wurde. Einer der besten Orgelbauer, Gottfried Silbermann, stammte aus Kleinbobritzsch, nah dem Erzgebirgskamm bei Frauenstein. »Wenn ich nichts gearbeitet hätte und nur mein Geld, welches ich in Sachsen gebracht habe, in Zinß geleget, ich wäre reicher als ich bin.« So erklingen Silbermann-Orgeln überregional, aber auch in Sachsen: unter anderem in Dresden, Freiberg, Dittersbach bei Stolpen. Ernst Anschütz aus Leipzig komponierte Volksliedgut: »O Tannenbaum«, »Wenn ich ein Vöglein wär'«, »Es klappert die

Mühle am rauschenden Bach«. Carl Gottlieb Hering war Organist und Lehrer, er setzte die Noten für »Hopp, hopp, hopp, Pferdchen, lauf Galopp«, »Morgen, Kinder, wird's was geben« und »c-a-f-f-e-e, trink nicht soviel Kaffee!«. Hering ist Begründer der deutschen Musikdidaktik und manches seiner Lehrbücher ist auch heute noch »bequemes Hülfsmittel«.

Das erste deutsche Konservatorium eröffnete 1843 in Leipzig. Zu den bekanntesten sächsischen Komponisten zählen Richard Wagner, Carl Maria von Weber, Robert Schumann. Es wirkten hier im Lande außerdem Felix Mendelssohn Bartholdy, Dmitri Schostakowitsch, Max Reger, Gustav Mahler, Albert Lortzing und, und, und – Johann Sebastian Bach, von dessen Kunst sich Goethe überwältigt zeigte: »Als ich diese Musik hörte, da vernahm ich etwas von dem, wie es sein müßte in Gott, gerade bevor Gott die Welt erschaffen hat.« Die Musikstadt Leipzig können Interessierte auf der Notenspur kennenlernen, die nicht nur an Bachs Wirkungsstätten führt. Im Thomanerchor singen Knaben seit 1212. Die Staatskapelle, die Dresdner Philharmonie sowie das Leipziger Gewandhausorchester zählen zu den weltbesten Klangkörpern. »Ohne Musik wäre das Leben ein Irrtum!«, sagte einst ein großer Sachse: Friedrich Nietzsche, der selbst komponierte und dessen Gedichte unter anderem von Gustav Mahler und Richard Strauss vertont wurden.

Im sächsischen Musikwinkel entwickelte man das Saxophon – ein Irrtum, denn das tat Adolphe Sax in Dinant. Sachsen aber wäre ohne Musik gar nicht zu denken, das Saxophon gehört dazu.

Die Göltzschtalbrücke wurde auf römischen Fundamenten errichtet

Irrtum! *Denn …*

… die Römer haben im Vogtland niemals gesiedelt. Doch mit ihren 29 Rundbogen erinnert die Eisenbahnquerung über die Göltzsch tatsächlich an antike Aquädukte. Das »achte Weltwunder« beeindruckt auch heute und »wurde euphorisch mit vielen Superlativen bedacht«. Die Brücke stieß in neue Dimensionen: 78 Meter hoch, 574 Meter lang. Touristenmagnet ist sie bis heute.

Das beginnende Industriezeitalter benötigte den schnellen Transport von Waren und Personen zur Profitmaximierung. Deshalb plante man die Sachsen-Franken-Magistrale. So unterschrieben am 14. Januar 1841 Regierungsvertreter der Königreiche Sachsen und Bayern sowie des Herzogtums Sachsen-Altenburg den Staatsvertrag zum Bau einer Eisenbahnverbindung Leipzig–Nürnberg. Verschiedene Streckenführungen wurden erwogen. Indiskutabel: Die Trasse musste durch das Vogtland führen. Die Herausforderungen dabei waren die tiefen Täler der Göltzsch und der Elster. Ein Wettbewerb zur Konstruktion der Göltzschtalbrücke wurde ausgeschrieben, 81 Einsendungen folgten. Doch beanstandeten die Prüfer statische Mängel, und kein Entwurf hatte nachweisen können, dass er den dynamischen Belastungen des Schienenverkehrs standhalten würde. Das Preisgeld teilte man unter vier Einsendern auf, ohne dass ein Vorschlag realisiert werden konnte. Der Vorsitzende der Prüfungskommission übernahm selbst die Planung: Andreas Schubert. Neuerung: Erstmals wurde ein derartiger Bau von ihm statisch berechnet. Außerdem entschied sich Schubert für Ziegel als Baustoff, sie waren kostengünstig und vor Ort produzierbar. Lehm ist des Vogtlands Bodenschatz. Bereits zur Grundsteinlegung kamen mehr als 1000 Gäste. Das Baugerüst verbrauchte 23 000 Stämme. 50 000 Ziegel verbaute man täglich, 26 021 000 waren es insgesamt. 1736 Arbeiter schufteten, 31 starben. Nach nur fünf Jahren weihte man die Göltzschtalbrücke am 15. Juli 1851. Sie war damalig die höchste Eisenbahnbrücke der Welt. Sie ist bis heute ein Meisterwerk und historisches Wahrzeichen der sächsischen Ingenieurbaukunst.

Architekt Andreas Schubert war das achte Kind eines Tagelöhners aus Wernesgrün. Er wurde am 19. März 1808 geboren und zu Pflegeeltern gegeben. Schubert kam in die Familie des königlichen Oberhofrichters und Polizeipräsidenten Ehrenfried von Rackel. Seine Bildung erhielt er an der Thomasschule zu Leipzig, der Garnisonsschule auf dem Königstein und am Freimaurerinstitut Dresden-Friedrichstadt. Sein künstlerisches Talent ward entdeckt, und er zum Architekturstudium an die Dresdner Kunstakademie delegiert. Nach abgeschlossenem Studium wurde Andreas Schubert Hilfslehrer an der 1828 gegründeten Technischen Bildungsanstalt, dem Vorgänger der Technischen Universität Dresden. Dort machte sich der Zwanzigjährige um die Technikausbildung verdient. Er unterrichtete Mathematik, Geometrie, Statik, Dynamik, Hydrostatik und -mechanik sowie Buchhaltung. Aufgrund seiner »herausragenden Lehrerfolge« wurde er 1832 zum Professor berufen. Erst 1869 schied Andreas Schubert hochgeehrt aus dem Hochschuldienst aus. Seine Verdienste gehen weit über die Bildung hinaus. Schubert war Mitbegründer der Maschinenbau-Anstalt Übigau und der Sächsischen Elbe-Dampfschifffahrts-Gesellschaft und entwarf deren erste Dampfer. Die sächsische Landesregierung beauftragte ihn 1834, in England zu den technischen Errungenschaften des Manchester-Kapitalismus zu recherchieren. Zurück in Sachsen konstruierte Andreas Schubert in einem halben Jahr von der Idee bis zur fertigen Montage die erste Dampflokomotive Deutschlands: die Saxonia. Trotz englischer Sabotageversuche weihte diese Lok 1839 die Eisenbahnstrecke Leipzig–Dresden mit ein. Wirtschaftlichen Erfolg brachte sie ihm nicht. Der Professor verstarb am 6. Oktober 1870. Sein Grab befindet sich auf dem Inneren Matthäusfriedhof in Dresden.

Die Göltzschtalbrücke wurde auf römischen Fundamenten errichtet – ein Irrtum aufgrund von Geschichtsunkenntnis. Ein architektonisches Meisterwerk ist die Brücke über die Göltzsch zweifellos. Wenige Kilometer entfernt steht Andreas Schuberts nächste Meisterleistung: die Elstertalbrücke, zweitgrößte Ziegelsteinbrücke der Welt und nur zehn Meter weniger hoch. Aber über und unter ihr Dampf, denn die Elstertalbrücke wird an ihrem Fuße von der Elstertalbahn gekreuzt.

Schirgiswalde: erste Freihandelszone Deutschlands

Irrtum! *Jedenfalls* …

… wurde sie als solche nicht mit Staatsvertrag geschaffen. Sie erblühte aus schierer Gesetzlosigkeit. Damit war vieles möglich – Schmuggel, Steuerflucht und Glücksspiel.

1635 schlug der deutsche Kaiser das Gebiet der Lausitz den Kurfürsten von Sachsen zu. Die Gemeinde Schirgiswalde verblieb jedoch bei Böhmen und bot im Zuge der Gegenreformation vertriebenen Katholiken Heimat. Die Insellage blieb der Stadt bis zu den napoleonischen Kriegen erhalten. »Als nach dem Frieden zu Schönbrunn Österreich seine Enklaven an Sachsen abgeben musste, Sachsen aber die Schirgiswalder aus undurchsichtigen Gründen nicht aufnahm, da fand sich ein sieben Quadratkilometer kleines Gebiet plötzlich in der Staatenlosigkeit wieder.« Die Kleinstadt wurde zum »San Marino der Lausitz«. Kein Gesetz galt hier außer das eigene. Die »Freie Republik Schirgiswalde« erlebte wirtschaftlichen Aufschwung, »musste weder Steuern noch irgendwelche Landesabgaben entrichten, brauchte keine Rekruten zu stellen, empfing überhaupt keine landesherrlichen Gesetze, Befehle und Verordnungen, sondern sah in seinem Stadtrichter gleichzeitig sein Reichsoberhaupt. Bezüglich der Justizverwaltung, welche nach österreichischen Gesetzen und Rechten versehen wurde, war es mit dem Mutterlande Böhmen gewissermaßen noch verbunden, in kommerzieller Hinsicht aber davon ganz ausgeschlossen und wurde von diesem als Ausland betrachtet.«

Die Handwerkerinnungen verliehen ihre Meistertitel und beschränkten die Ansiedlung von Ortsfremden. Von 1809 bis zur Gründung des Deutschen Zollvereins 1834 war Schirgiswalde ein Handelseldorado, das man auch »Klein-Leipzig« nannte. »Alle Waren kamen von Hamburg, Bremen und Lübeck als Transito-Güter hier an und wurden auf dem Wege des Schmuggel-Handels nicht nur nach den benachbarten Ortschaften, sondern sogar nach Böhmen, Bautzen, Leipzig und anderen größeren Städten Deutschlands wieder ausgeführt.« Anderswo erhobene Gebühren entfielen. Landesverwiesene Personen und Flüchtlinge aus verschiedenen Ländern, mit Ausnahme von gemeinen Verbrechern, fanden hier Aufnahme und Asyl. Das galt für preußische Deserteure genauso wie für sächsische und französische Abbés. Sagenhafte Räuber wie der »böhmische Wenzel« (Wenzel Kummer) oder der »böhmische Hansel« (Johannes Karasek) verlegten ihre Ausgangsbasis in diesen rechtsfreien Raum.

»Eine große Rolle spielte in der Zeit das österreichische Lottospiel. Da nach dem Jahre 1809 eine von der österreichischen Regierung errichtete und garantierte Lotto-Collection hier nicht mehr bestand, bildeten sich mehrere sogenannte ›Winkelbanken der blauen Lotterie‹. Tief aus Sachsen und Preußen kamen die Einschreiber, bei welchen die einzelnen Setzer ihre Einlagen gemacht hatten, an den Ziehungstagen hier an. Die Zahlen wurden in Prag und Brünn Mittwoch und Sonnabend gezogen. Die Buchmacher warteten meistens den zweiten und dritten Tag ab, bis die gezogenen fünf Nummern eingetroffen waren, um ihren vom Glücke begünstigten Setzern entweder die blanken Thaler gleich mit nach Hause bringen zu können, oder im entgegengesetzten Falle eine Niete zu verkünden. Das Traumbuch bildete bei diesen Lottospielen eine ganz bedeutende Rolle. Oft bedienten sich die Setzer eines raffinierten Betrugs, welcher mehrfach ausgeführt worden ist.«

Ein einfaches und totsicher funktionierendes Prinzip: »Ermittelt wurden die Zahlen in Prag. Kaum waren die Glücksziffern gezogen, schwangen sich reitende Boten in den Sattel, doch es wurde immer Abend, bis die Lottozahlen in Schirgiswalde eintrafen. So durfte in der Stadt bis zur Ankunft der Zahlen gewettet werden. Eines Tages rieben sich die Chefs der böhmischen Lottogesellschaft erstaunt die Augen: Innerhalb kurzer Zeit ging der Hauptgewinn mehrmals ausgerechnet nach Schirgiswalde. Recherchen ergaben, dass clevere Lottospieler mit Hilfe von Rauch- und Lichtzeichen eine Info-Hotline über die böhmischen Berggipfel eingerichtet hatten.« Freilich kam es auch vor, »dass ein solcher Betrug entdeckt wurde und die Banken dann gar nichts auszahlten, in welchem Falle auch der nur durch den Zufall begünstigte Glücksritter seinen Gewinn und Einsatz in Dunst zerfließen sah, welches nicht selten zu handgreiflichen Tätlichkeiten führte.« Am 4. Juli 1845 waren die Staatsverträge zwischen Sachsen und Österreich endlich geschlossen und die Freie Republik Schirgiswalde verlor nach 36 Jahren ihren Sonderstatus. Nicht nur die Finanzwirtschaft bedauerte das.

Schirgiswalde war die erste Freihandelszone Deutschlands – ein Irrtum? Wenn, dann ist die Stadt es zufällig geworden. Aber in Schirgiswalde existierte, was sich heute so mancher Politiker sehr wünschen würde: uneingeschränkte Handelsmacht.

Romeo und Julia starben in Sellerhausen

Irrtum! *Denn* …

… das berühmte Paar schied in Verona aus dem Leben. Shakespeares Romeo und Julia wurden Sinnbild für bedingungslose Liebe, die sich über alle Widerstände hinwegzusetzen vermag. Wenn es sein muss, bis hin in den Tod.

Am 3. September 1847 las Gottfried Keller in der *Züricher Freitags-Zeitung* die Nachricht: »Im Dorfe Altsellerhausen, bei Leipzig, liebten sich ein Jüngling von 18 Jahren und ein Mädchen von 16 Jahren, beide Kinder armer Leute, die aber in einer tödtlichen Feindschaft lebten, und nicht in eine Vereinigung des Paares willigen wollten. Am 15. August begaben sich die Verliebten in eine Wirthschaft, wo sich arme Leute vergnügten, tanzten daselbst bis Nachts 1 Uhr, und entfernten sich hierauf. Am Morgen fand man die Leichen beider Liebenden auf dem Felde liegen; sie hatten sich durch den Kopf geschossen.« Ihr Tod war Keller Inspiration zur Novelle *Romeo und Julia auf dem Dorfe*, einer der schönsten Liebesgeschichten der Weltliteratur. Keller stellte seiner Erzählung diese Worte voran: »Diese Geschichte zu erzählen würde eine müßige Nachahmung sein, wenn sie nicht auf einem wirklichen Vorfall beruhte, zum Beweise, wie tief im Menschenleben jede jener Fabeln wurzelt, auf welche die großen alten Werke gebaut sind. Die Zahl solcher Fabeln ist mäßig; aber stets treten sie in neuem Gewande wieder in die Erscheinung und zwingen alsdann die Hand, sie festzuhalten.« Die wahre Geschichte hatte sich in Sachsen, nahe Leipzig, zugetragen.

»Gustav Heinrich Wilhelm, 18 Jahre alt, war ein nachgelassener Sohn des Schmiedemeisters Carl Gottlieb Wilhelm in Großböhla. Johanne Auguste Abicht, Tochter des Brodbäckers Heinrich Christian Abicht in den Straßenhäusern bei Volkmarsdorf« zählte 16 Jahre. »Zwischen Beiden fand seit längerer Zeit ein Liebesverhältniß statt und obwohl Wilhelm von seinen Anverwandten gewarnt wurde, das Verhältniß aufzugeben, da er durch dasselbe zu einem Aufwande veranlaßt werde, welcher seinen Verdienst übersteige, so erneuerte sich dasselbe doch wieder.« Kurze Zeit darauf sah die Realität ungleich brutaler aus, als man gern in Büchern liest. Sie schieden aus dem Leben, weil ihre Liebe keine Chance hatte.

»Die Leichname lagen in Sellerhäuser Flur an dem Fußwege, welcher von Anger nach Sellerhausen durch die Kohlgärten führt und zwar zur linken Seite dieses Weges, in der Richtung von Anger her. Dort lagen die beiden Körper dicht neben einander auf dem Erdboden lang ausgestreckt; sie lagen auf dem Rücken, das Mädchen zur rechten Seite, mit der Kopfseite zunächst an einigen Büschen. Die nähere Besichtigung und Untersuchung der Leichname ergab nun vor allem das augenblicklich Tödtliche der Verwundungen, denn bei Wilhelm war der Kopf völlig zerstört; bei dem Mädchen dagegen war die linke Seite des Gesichts aufgerissen, die Kinnlade und die hintern Halsknochen zerschmettert und gänzlich zerstört, während der obere Theil des Kopfes ohne Verletzung war. In dem Gesichte war keine Spur von Pulverbrand zu sehen. Aller Wahrscheinlichkeit nach wurde das Mädchen von Wilhelm erschossen und dann entleibte er sich selbst. Seine Hände waren voll Blutflecken und von Pulver geschwärzt. Nach dem, was vorlag, so weit menschliches Urtheil reicht, war Wilhelm Mörder und Selbstmörder zugleich; sein Leichnam wurde an die Anatomie zu Leipzig abgegeben, während den Angehörigen der Abicht überlassen blieb, dieselbe, jedoch nur in der Stille, zu beerdigen.«

Romeo und Julia starben in Sellerhausen – ein Irrtum, doch starben sie auch hier. Und die Tragik der Liebesgeschichte setzt sich fort. Diente Shakespeares *Romeo und Julia* dem Paar in Sellerhausen als Vorbild, so war *Romeo und Julia auf dem Dorfe* wiederum Anleitung zum Handeln in Leipzig:

»Am 9. des Monats März 1926 wurden früh ½ 8 Uhr im hinteren Rosenthal in der Nähe des Elstersteges zwei Tote aufgefunden, die offenbar kurz vorher ihrem Leben durch Erschießen ein Ende bereitet hatten. Wie wir erfahren, hatten die jungen Leute ein Liebesverhältnis unterhalten, das von den Eltern des Mädchens nicht gebilligt wurde.« Sie reisten aus Köthen nach Leipzig an und besuchten dort eine Vorstellung im Varieté. »Der junge Mann fiel dadurch besonders auf, daß er einen Smoking trug, auch das Mädchen war elegant gekleidet. Beide nahmen mit vollem Interesse und Verstand teil, ergötzten sich sehr und machten verschiedene lustige Bemerkungen. Es ist anzunehmen, daß sie danach noch einige Lokale aufgesucht haben.« Weiter spekuliert die Zeitung, »daß sie ihre Tat nach dem Vorbild Romeos und Julias unternahmen«. Damit war ein tragischer Kreis geschlossen.

> Es ist eine alte Geschichte,
> Doch ist sie ewig neu;
> Und wem sie just passieret,
> Dem bricht das Herz entzwei.

Sachsen hatte nie einen Sachsen als Ministerpräsidenten

Irrtum! *Denn* …

… in der fast 600-jährigen Landtagsgeschichte führten mehrheitlich Sachsen die Geschicke des Staates. Diskussionen gibt es um Amtsinhaber immer, wie er auch heißt, woher er auch kommt.

Bei Kurfürst und König erübrigt sich der Herkunftsnachweis. Sie sind von Geburt her Sachsen ohne Zweifel. Ein Parlament in Sachsen beriefen 1438 erstmals die regierenden Brüder Friedrich II. und Wilhelm III. und luden hervorragende Vertreter des Adels, Klerus und aus den Städten zum Streitgespräch. Ab diesem Zeitpunkt traf sich diese kursächsische Ständeversammlung durchschnittlich zweimal in fünf Jahren. Dieser Landtag überdauerte Kriege, Krisen, Herrscherwechsel und blieb in Sachsen mächtig, obwohl Verwaltung und kurfürstliches Allmachtsstreben sein Mitspracherecht einzuschränken versuchten. Gesetzgebende Versammlung war er nie, doch vereinbarte das Gremium 1831 mit dem Herrscherhaus eine Landesverfassung. Zu ihren Kernstücken gehörte fortan ein Zweikammerparlament. Der König behielt das letzte Wort.

Der erste Vorsitzende des neugeschaffenen Gesamtministeriums war Bernhard von Lindenau, Politiker aus Altenburg mit Parlamentserfahrung. Kernsachse im heutigen Verständnis war er nicht, doch sind die damaligen Grenzen und Einflusssphären mit den gegenwärtigen nicht vergleichbar. Der Lindenau nachfolgende Julius Traugott von Könneritz war in Merseburg geboren, im heutigen Sinne also auch nicht von hier. Karl Braun führte in den Wirren der Revolution 1848 die Geschäfte des Märzkabinetts – er war ein Plauener. Dann standen gebürtige Sachsen der Regierung vor. Ausnahme: Alfred Graf von Fabrice, der 1876 an die Spitze des Landtags trat. Er kam in Quesnoy-sur-Deûle bei Lille zur Welt, jedoch als Sohn eines sächsischen Generales, der nach Napoleons Niederlage mit seiner Familie in Frankreich geblieben war – zweifellos ein Sachse von Geburt: »Wenn zwei Sachsen außerhalb des Landes Kinder kriegen, sind's Sachsen. Denn, wenn eine Katze im Fischladen jungt, werden's auch keine Fische!«

Im Anschluss verantworteten wiederum Sachsen Sachsens Geschicke, nominell stand noch der König dem Staate vor. Letzter Ministerpräsident im Königreich war der Oldenburger Rudolf Heinze, der allerdings schon lange in sächsischen Staatsdiensten stand und im Krisenjahr 1923 noch einmal kurzzeitig die Regierung führte.

Die Novemberrevolution 1918 fegte die überkommenen Strukturen und Privilegien hinweg. Im Machtvakuum nach dem Ersten Weltkrieg übernahm Richard Lipinski die Regierungsgeschäfte, Leipziger Verlagsbuchhändler, in Danzig geboren. Ihm folgte Georg Gradnauer, Zeitungsredakteur. Der ihm folgende Erich Zeigner stammte aus Erfurt, Wilhelm Bünger aus dem brandenburgischen Elsterwerda. Auch Alfred Fellisch 1923/24 war kein Sachse und kam aus dem schlesischen Fraustadt. Mit der Machtergreifung der Nationalsozialisten übernahm zunächst Manfred Freiherr von Killinger, um an Martin Mutschmann abzugeben. Der berüchtigte »Gauleiter Sachsen« stammte aus Hirschberg im Saale-Orla-Kreis und wurde am 14. Februar 1947 in Moskau hingerichtet. Im demokratischen Nachkriegsdeutschland standen Rudolf Friedrichs und Max Seydewitz der sächsischen Regierung vor. 1952 wurde das Land Sachsen in die Bezirke Dresden, Chemnitz (Karl-Marx-Stadt) und Leipzig zerschlagen. Ministerpräsidenten gab's nicht mehr.

1990, im neugegründeten Freistaat, übernahm Kurt Biedenkopf die Regierungsführung. Recherchen förderten zutage: Sein Großvater Hermann unterrichtete als Oberlehrer an Chemnitz' landwirtschaftlicher Schule. Mehrere Lehrbücher zu Ackerbau und Viehzucht entstammen seiner Feder. Das Porträt zeigt einen freundlich blickenden älteren Herrn mit wallendem 30-Zentimeter-Rauschebart. Laut den Adressbüchern der Zeit »wohnte ein Hermann Biedenkopf an der Hainstraße 34, also über der Postfiliale neben dem späteren Haufe-Kino namens ›Europa‹. 1901 war jener Lehrer Biedenkopf bereits Hainstraße 38 eingezogen, dem Eckhaus mit der Fleischerei.« Sachsen hatte nie einen Zweifel: »Dr Biedenkopp ist eener von uns!«

Seinem Nachfolger Georg Milbradt konnten nie sächsische Wurzeln nachgewiesen werden. Er trat im Skandal zurück. Die Vakanz übernahm der damalige Finanzminister Stanisław Tillich, der unzweifelhaft dem Sachsenlande entstammt. Er gehört der Volksgruppe der Sorben an und ist Katholik, was manchen sagen lässt, der amtierende Ministerpräsident sei kein Vertreter der sächsischen Mehrheit. Darüber, welche Person an der Spitze eines Staates steht, wird immer diskutiert werden (müssen). Fragen sind erlaubt. Antworten werden erwartet.

Sachsen hatte nie einen Sachsen als Ministerpräsidenten – ein Irrtum, wenn auch erstaunlich viele der Landeslenker nicht dem Lande entstammen, welches sie führten. Doch Fähigkeit, Kenntnis und Charakter sollten über das Amt entscheiden, kein Geburtsort und keine Kompromisse, so parteilich und verständlich sie auch sein mögen.

1863: Die SPD wird in Leipzig gegründet

Irrtum! *Denn* ...

... erst im Jahre 1890 gab sich die Arbeitervertretung den Namen Sozialdemokratische Partei Deutschlands – SPD.

Der Manchesterkapitalismus produzierte mit Beginn des 19. Jahrhunderts auch in Deutschland und nannte sich Industrialisierung. Er errichtete Eisenhütten, Fabriken, Schienenstränge. Die Arbeiterklasse schuf sich ihre Interessenvertretungen. »Proletarier aller Länder vereinigt euch!«, empfahlen Marx und Engels. Nach der unvollendeten 1848er-Revolution wurde das alte System wiederhergestellt. Arbeitervereinigungen wie der Bund der Kommunisten oder die Arbeiterverbrüderung verbot man. Der Journalist Ferdinand Lassalle forderte 1863: »Der Arbeiterstand muss sich als selbständige politische Partei konstituieren und das allgemeine, gleiche und direkte Wahlrecht zu dem prinzipiellen Losungswort und Banner dieser Partei machen.« Der Aufruf weckte Engagement und Willen, man beschloss die Gründung des Allgemeinen Deutschen Arbeitervereins. Gründungsort wurde Leipzig, eine Stadt, in der die Industrie damals in rasantem Tempo wuchs. Im *Pantheon*, einer biedermeierlichen Gaststätte mit Ballsaal auf der Dresdner Straße, wurde der ADAV am 23. Mai 1863 von Abgesandten aus Hamburg, Harburg, Köln, Düsseldorf, Elberfeld, Barmen, Solingen, Frankfurt am Main, Mainz und Dresden ins politische Leben geführt. Ferdinand Lassalle wählte man zum ersten Vorsitzenden. Dessen Leitmotiv: »Alle große politische Aktion besteht im Aussprechen dessen, was ist, und beginnt damit. Alle politische Kleingeisterei besteht in dem Verschweigen und Bemänteln dessen, was ist.«

Der Verein gewann vor allem bei den Arbeitern in den Industriebetrieben enorm schnell an Einfluss und Macht. Trotzdem gründeten August Bebel und Wilhelm Liebknecht 1869 in Eisenach die Sozialdemokratische Arbeiterpartei (SDAP). 1875 vereinigten sich beide Organisationen in Gotha zur Sozialistischen Arbeiterpartei Deutschlands (SAPD). Der erste Punkt des Programms: »Die Arbeit ist die Quelle allen Reichtums und aller Kultur, und da allgemein nutzbringende Arbeit nur durch die Gesellschaft möglich ist, so gehört der Gesellschaft, das heißt allen ihren Gliedern, das gesamte Arbeitsprodukt, bei allgemeiner Arbeitspflicht, nach gleichem Recht, jedem nach seinen vernunftgemäßen Bedürfnissen.« 1890 nannte man sich einprägsam kurz SPD, und diese wurde sehr schnell zur Massenpartei.

Die SPD sieht bis heute Leipzig als den Ort ihrer Gründung. Das *Pantheon* schrieb auch danach noch Arbeitergeschichte: 1865 erfolgte die Konstituierung des Allgemeinen Deutschen Cigarrenarbeiter-Vereins. 1891 fand in den Räumen die erste offizielle Maifeier Deutschlands statt. 1899 vereinigten sich im *Pantheon* Arbeitervertreter zum Leipziger Gewerkschaftskartell. Berühmte Redner traten hier ans Pult: Clara Zetkin, August Bebel, Karl Liebknecht. »Nicht um Herrschaft ringen wir, nicht um Privilegien. Die Herrschaft als solche wollen wir beseitigen. Wo Herrschaft ist, ist Knechtschaft, und wo Knechtschaft, Ausbeutung. Wir bekämpfen die Herrschaft in jeder Form, die politische und die soziale. Wir erstreben den freien Volksstaat, der, auf den Trümmern der jetzigen Klassenherrschaft errichtet, die Harmonie der Interessen zur Wahrheit macht – die freie Gesellschaft in dem freien Staat, dem Staat, welcher jedem gleichmäßig die Mittel zur harmonischen Ausbildung seiner Fähigkeiten gibt und, in Erfüllung des Aristotelischen Ideals ›nach dem höchsten Gut trachtet‹, dem echten Kulturstaat«, meinte Wilhelm Liebknecht.

Nach der Hochzeit der Bewegung machte man aus dem *Pantheon* ein Lichtspieltheater. 1933 wurde der Saal abgerissen. Das bis dahin erhalten gebliebene Vorderhaus folgte 1977. Seitdem befinden sich an seiner statt eine Grünfläche und ein Parkplatz. Bereits zu ihrem 130-jährigen Jubiläum befand die SPD, das Geschehen von 1863 sei einen Gedenkstein wert. »Das Kunstwerk wurde geschaffen, doch es hielt dem ästhetischen Urteil der damaligen städtischen Kunstkommission nicht stand. So steht das gute Stück seitdem irgendwo in einer Garage.« Am 17. Januar 2013 diskutierte man erneut, denn »hier liegen die Wurzeln der politischen Organisation der deutschen und internationalen Arbeiterbewegung«. Antragsteller diesmal: die Partei Die Linke. Zu ihrem 150. Jubiläum stiftete die SPD einen kleinen Gedenkstein mit rotem Logo. Gleich daneben steht der Klotz, der an den Galgenberg erinnert, denn genau an dieser Stelle richtete man früher hin. Die SPD ist in Leipzig gegründet worden – ein Irrtum! Aber die SPD betrachtet Leipzig als den Ort ihrer Geburt.

Radeberg besitzt das prächtigste Brauhaus der Welt

Irrtum! *Denn* …

… es ist die Dresdner Semperoper, die in der Werbung als Blickfang für das Radeberger Pilsner präsentiert wird. Bei Ortsunkundigen wird damit der Eindruck geweckt, das vergoldete Opernhaus sei das Brauhaus in Radeberg.

»Bier braucht Heimat, und in Sachsen hat Bier definitiv eine Heimat gefunden«, meint der Geschäftsführer des sächsischen Brauereiverbands. Die Statistik gibt ihm recht: »135 Liter Bier hat jeder Einwohner im Freistaat im vergangenen Jahr getrunken«, meldete der Verband für das Jahr 2014. Das sind stattliche 28 Liter mehr als im Bundesdurchschnitt. »200 Liter werden pro Jahr für jeden Bewohner Sachsens gebraut, damit sind wir bei der Pro-Kopf-Produktion die Nummer eins in Deutschland noch vor Bayern und Nordrhein-Westfalen. Zwar gibt es in den zwei anderen Bierhochburgen deutlich mehr Brauereien und auch wesentlich höhere Produktionsmengen. Durch die geringere Einwohnerzahl und die zugleich sehr hohe Schlagzahl beim Verzehr schieben sich die Sachsen, die Heimat großer Anbieter wie Radeberger, Wernesgrüner oder Feldschlösschen, doch noch an die Spitze der Spezialstatistik.«

Luther meinte: »Wer kein Bier hat, hat nichts zu trinken.« Bier wurde natürlich auch in der DDR ausgeschenkt, doch die hiesigen Traditionsmarken besaßen einen dermaßen guten Ruf, dass sie fast ausschließlich ins nichtsozialistische Ausland exportiert oder an den Theken der Valuta-Hotels getrunken wurden. Sie brachten dem Staat dringend benötigte Devisen. Konsum und HO boten ihren Bürgern mindere Bierqualität. Nach der Wende war der Erfolg der ostdeutschen Biere zunächst nicht abzusehen. Mehr als die Hälfte der Brauereien in Sachsen gingen pleite. Die Bewohner bevorzugten die Produkte westlicher Provenienz. Das hat sich mittlerweile geändert. »Das Radeberger Bier besaß den besten Ruf«, so dass die Investoren den Namen der Traditionsmarke für ihren Brauerei-Verbund nutzen. Die Radeberger-Gruppe mit Sitz in Frankfurt am Main produziert derzeit an 16 Standorten in Deutschland, Flaggschiff ist zweifelsohne das Radeberger Pilsner.

Radeberg ist eine Große Kreisstadt nordöstlich von Dresden. Die Brauerei wurde 1872 als Aktienbrauerei gegründet. Per königlichem Dekret vom 11. Dezember 1905 durfte sie ihr Pilsner-Export als »Tafelgetränk Seiner Majestät des Königs Friedrich August von Sachsen« bezeichnen. Das brachte Ehre und Kunden. Aber die Qualität schmeckt wirklich für sich: »Würdevoll-würziger Antrunk, edle Rezens, bestens kalibrierte Bittere. Klassisches Hopfenfinish. Cremige, standfeste, feinporige Krone. Goldmedaillenfarbig.« Und Radeberger Export wurde als erstes der deutschen Biere nach Pilsner Brauart gebraut – ein Alleinstellungsmerkmal. Die Pilsner Brauart stammt aus der böhmischen Stadt Pilsen, dort braute man erstmals nach ganz eigenem Rezept. Aufgrund schlechter Bierqualität hatte man in Pilsen beschlossen, ein unverwechselbares Bier zu kreieren. Der aus Bayern geholte Braumeister Josef Groll verfeinerte seine heimatlich-bayrische Rezeptur, das neue Brauen ist nur unter Kühlung möglich. So entsteht ein untergäriges Bier, das stärker gehopft ist als das anderer Brauart. Norddeutsche Biere sind bitterer im Geschmack, süddeutsche besitzen einen höheren Malzanteil. Bald setzte sich dafür das Kürzel Pils durch. Radeberger entwickelte sich zur Großbrauerei, Marke und zum Marktführer. Die Radeberger Bierproduktion konnte in den 25 Jahren von 1888 bis 1913 von 24 000 Hektolitern beinahe verzehnfacht werden. Heute liegt sie bei ungefähr zwei Millionen.

Nach 1990 bedurfte es unverwechselbarer, neuer Werbestrategien. Man suchte und man fand dafür die Bilder. »Ein besonderes Verhältnis verbindet die Radeberger Exportbierbrauerei mit der Semperoper Dresden. Bis heute ist die Semperoper das Erkennungsbild von Radeberger Pilsner. Beide Häuser vereint nicht nur die sächsische Heimat, sondern vor allem der hohe Eigenanspruch an Qualität und Wertigkeit. Die Zusammenarbeit gestaltet sich äußerst lebendig. Aktuell widmet Radeberger Pilsner der Nachwuchsförderung eine besondere Aufmerksamkeit und ist ›Förderer und Partner des Jungen Ensembles‹.«

Radeberg besitzt das prächtigste Brauhaus der Welt – ein Irrtum! Aber die Brauerei ließ sich in Radeberg ein modernes bauen. Beim Werbepartner Semperoper wird natürlich gern das Pils aus Radeberg ausgeschenkt. »Denn die erste Pflicht der Musensöhne ist, dass man sich ans Bier gewöhne«, meinte schon Wilhelm Busch.

Die bekanntesten Sachsen-Romane schrieb ein Pole

Kein Irrtum, *wenn* ...

... man von nationalen Größen wie Erich Kästner, Hans Reimann, Lene Voigt absieht und auch den momentanen Starruhm eines Uwe Tellkamp, Marcel Beyer oder Ingo Schulze ignoriert. Über *Sachsens Glanz und Preußens Gloria* schrieb Józef Ignacy Kraszewski die anschaulichsten Romane.

Kraszewski war Pole und besaß Nationalstolz, doch nahm er aus politischen Gründen 1869 die sächsische Staatsbürgerschaft an.

Die geographische Lage zwischen den Großmächten Deutschland und Russland ließ manchen Polen für die nationale Eigenständigkeit seines Heimatlandes kämpfen. Viele von diesen Streitern haben daraufhin ihr Land verlassen müssen. »Die uns mit Sachsen seit alters her verbindenden Beziehungen ließen Dresden zu einem Unterschlupf, einer Herberge und Heimstatt für viele werden, denen die eigene Heimat nunmehr verschlossen wurde. Wer von den Leidenden und Heimatlosen kam nicht durch Dresden? Wer fand nicht Aufnahme im *Goldenen Engel*, im *Polnischen Hotel* und im *Sächsischen Hof*?« Die Worte eines Exilierten: Józef Ignacy Kraszewski.

Kraszewski wurde am 28. Juli 1812 als Sohn einer Adelsfamilie in Warschau geboren. Seine Kindheit verbrachte er auf dem Gut seiner Großeltern in Romanów. An der medizinischen und philosophischen Fakultät zu Vilnius studierte er und begann zu schreiben. Er setzte sich schon beim Novemberaufstand 1830 für die Unabhängigkeit Polens ein. Er heiratete, zeugte vier Kinder, schrieb für Kulturmagazine, lehrte, reiste durch Europa.

Aufgrund seines politischen Engagements beim Januaraufstand 1863 galt der Intellektuelle der Warschauer Zivilverwaltung als Gefährder: »Man gab mir deutlich zu verstehen, dass man mir für den Fall, dass ich eine Reise nach Westen nicht wünschen würde, eine Reise in den Osten erleichtern könnte.« Kraszewski entging seiner sibirischen Verbannung durch die Flucht. Statt nach Paris emigrierte er nach Dresden, wo er auf viele Landsleute traf, etwa 6000 Polen hatten in der Residenz Asyl gefunden. 1869 wurde sein Antrag auf die sächsische Staatsbürgerschaft positiv beschieden. Kraszewski gab mehrere Zeitungen heraus, betrieb in Dresden eine eigene Druckerei. 1883 wurde er wegen Spionageverdacht verhaftet und auf Betreiben Bismarcks vom Reichsgericht in Leipzig zu dreieinhalb Jahren Festungshaft verurteilt. Nach 18 Monaten wurde er gegen Zahlung einer Kaution und aufgrund seines schlechten Gesundheitszustandes zu einem Genesungsaufenthalt in Italien entlassen, von dem kehrte der Autor nie nach Deutschland zurück. Kraszewski zog nach San Remo. Seine letzte Lebenszeit verbrachte er in Genf, wo er am 19. März 1887 verstarb. Einen Monat später setzte man Józef Ignacy Kraszewski in der Krypta verdienter Polen in der Krakauer St. Michaels- und Stanisławkirche bei. Sein Haus in der Dresdner Nordstraße 28 ist seit 1960 Museum.

Kraszewskis Einfluss auf die europäische Literatur ist immens. Sein Œuvre »umfasst allein 223 Romane und Erzählungen in 500 Bänden, darunter 94 mit historischen Themen, und 15 dramatische Werke, freilich von unterschiedlicher Qualität. Allein in den Dresdner Jahren 1873 bis 1883 schuf er insgesamt 90 Romane. Kraszewskis erklärte Absicht war es, ein Panorama der polnischen Geschichte von der Frühzeit bis ins 18. Jahrhundert hinein zu entwerfen, um in der Situation einer nicht mehr existenten polnischen Staatlichkeit den Gedanken der einigen Nation wach zu halten und an die großen Traditionen des Volkes zu erinnern.« Von den polnisch-sächsischen Beziehungen erzählt er in seinen großen Sachsen-Romanen. Sie sind mehr als die bekannte Trilogie: *Gräfin Cosel* (1873), *Brühl* (1874) und *Aus dem Siebenjährigen Krieg* (1875). Auch dazu gehören: *König August der Starke* (1873), *Flemmings List* (1876), *Der Gouverneur von Warschau* (1878) sowie *Das Ende der Sachsenzeit* (postum 1890).

»Ein unvergleichlicher Kulturschmaus!«, meinte die Filmkritik, als die teuerste Fernsehserie der DDR, »Sachsens Glanz und Preußens Gloria« (1985/87) nach Kraszewskis Romanen, über den Bildschirm lief und Intrigen, Krieg und Liebe zeigte. »Die DDR-Zuschauer aber interessierten nicht nur Bilderpracht und historischer Hintergrund, sie suchten und fanden Anspielungen auf die Gegenwart. Schon der titelstiftende Gegensatz zwischen Sachsen und Preußen war ein Dauerthema, weil sich die Sachsen stets von den Berlinern bevormundet fühlten. Die DDR-Obrigkeit wurde im Volksmund gern mit feudalistischen Begriffen umschrieben – man sprach vom Kronprinzen, von Bezirksfürsten und von Hofberichterstattung. Wenn im Film ein aufmüpfiger Schreiberling ins Verlies geworfen wurde, weil er gefährliche Gedanken unters Volk bringen wollte, dann lagen die Parallelen auf der Hand.« Auch heute noch sehr sehenswert und kein trockener Geschichtsunterricht.

Die bekanntesten Sachsen-Romane schrieb ein Pole – kein Irrtum, aber gestorben ist der Autor in der Fremde als Sachse.

8. Juli 1888: Elefantenmord in Kühren

Irrtum! *Aber …*

… die Sensationsmeldung verbreitete sich tatsächlich in alle Weltgegenden: »Bauer im sächsischen Kühren erschießt Elefanten!«

Nicht nur Umweltschützer erhoben ob der Gräueltat Einspruch. Kühren stand am Pranger, und seine Bewohner schämten sich. Zumal es bei dem einen Schuss nicht blieb: Man berichtete, die Schlachter jagten das arme Tier zuvor und hetzten es durch Wald und Dickicht. Dann setzte Bauer Ulbricht unter Gegröle sein Gewehr an und schoss den Dickhäuter mausetot. Teile des erlegten Tieres trugen Kinder nach vollbrachter Untat als Trophäen durch Straßen und Gassen. Ein Gaudi! Noch immer halten manche die Begebenheit für wahr.

Bis dahin hatte der kleine Ort nie Schlagzeilen gemacht. Kühren liegt an der Mulde zehn Kilometer südöstlich von Wurzen und bei Kilometer 32,62 an der Bahnstrecke Leipzig–Dresden. Vertriebenen Bauern aus Flandern erlaubte Bischof Gerung von Meißen 1154 die Ansiedlung hier im Dorfe Coryn. Die Geflohenen erhielten Land und Platz für ein Gotteshaus. Die heutige Kirche in Kühren zeigt Fresken aus dem Spätmittelalter. Ein Zufall brachte sie im Jahre 1952 unterm Putz hervor. Am Muldenufer steht der Felsen der Oelschützer Loreley. Wandernah liegen Wermsdorfer Forst und die Dahlener Heide. Aber sonst?

Natürlich fragte man sich nach der schockierenden Nachricht, welcher Elefant hier die sächsischen Wälder belebte. Weder

Zoo noch Zirkus hatten Verluste gemeldet. Und warum hatte man das seltene Tier erst gemetzelt und dann Brocken von ihm an Kinder verteilt? Wer tut denn so was? Wieso und warum? Die Legende war schnell gestrickt, schlechter Leumund inklusive. Im Wortsinn ist der Elefant auf Kühren gekommen: An dem Tag, dem 8. Juli des Jahres 1888, veranstaltete der Kaufmännische Verein zu Wurzen sein Sommerfest im Garten des Lokales *Stadt Leipzig*. »Am späten Nachmittag hat man einen seidenen Luftballon steigen lassen, der die Gestalt eines Elefanten besaß.« Ganz so wie heute die Ballons mit Werbung und Sprüchen zu Festen auffliegen. Es war den Gästen in Wurzen ein Spaß und pure Freude. Ob nun ein Unwetter, ausgehender Spiritus oder andre Misslichkeiten den Ballon zur Landung zwangen, ist nicht mehr zu klären. Feststeht, dass der Elefant an den Kührener Probstwiesen niederging. Dort stellte er sich ins Korn, das wurde gesehen. »Bauer Theodor Schlegel schaute an diesem schönen Abend nach den reifenden Saaten. Bahnwärter Seidel mähte am Wegrand Ziegenfutter und schaute ebenfalls. Doch längst hatte die Dorfjugend erst den Ballonflug, dann dessen Abgang beobachtet und stürmte bewaffnet zum Felde. Doch Grundeigentümer Bauer Ulbricht galt als scharfer Hund. Man wagte nicht, dessen Boden ohne Genehmigung zu betreten.« Und noch während man beratschlagte, kam Bauer Ulbricht höchstselbst heim von der Jagd. Er hatte auf Enten geschossen. Er machte den Kindern den Spaß und feuerte aufs »schreckliche Ungeheuer«, doch das wiegte sich weiter vor ihnen im Abendwind. Bauer Ulbricht musste ein zweites Mal schießen. Treffer. Der Elefant hauchte seine Luft aus. Die Kinder rannten herzu und stückelten die Ballonhaut in Fetzen. Die wurden dann im Triumphzug durchs Dorf getragen. So etwas hatte Kühren noch niemals gesehen. Ein Spektakel. Man lachte.

Das böse Erwachen erfolgte Tage darauf. Vielleicht hatten

Journalisten falsch verstanden. Vielleicht hatten sie sich auf Kührener Kosten einen Gag erlaubt: Jedenfalls wurde gemeldet, die Kührener hätten einen lebenden Dickhäuter tatsächlich erlegt und dessen Fleisch danach genüsslich verzehrt. Weltweiter Spott und Empörung prasselten auf sie nieder. Man versuchte, die Lügenmär zu vertuschen und Gras über sie wachsen zu lassen. Vergeblich.

Kühren hat lange Zeit unter dieser Geschichte gelitten, aber dann Selbstbewusstsein aus ihr geschöpft. Überall trifft man heute im Ort auf die Spuren des toten Kolosses: Kindertagesstätten und Schulen tragen Namen wie *Rüsselchen* oder *Zum Elefanten*. Keine Frage, auch Kneipen der Gegend wurden ähnlich benannt. Auf dem Dorfplatz steht seit 1976 ein solcher Dickhäuter in Beton gegossen. 2008 hat man ihn durch einen neuen ersetzt. Kühren lebt eine Geschichte, wie sie sich niemand hätte ausdenken können. Im Namen des Elefanten werden heutzutage sogar Volksfeste gefeiert. Elefantenrunden gibt's nicht nur in Berlin!

Elefantenmord in Kühren – ein Irrtum, zumindest hat vor Ort niemand solch seltenes Tier abgeschossen und danach verspeist. Aber die Fake-News wurde zum Fest!

Walter Ulbricht: ein Kind des Leipziger Rotlichtmilieus

Kein Irrtum – Lüge! *Denn ...*

... 1964 veröffentlichte die Publizistin Carola Stern *Ulbricht. Eine politische Biographie*, darin der alternative Fakt von Ulbrichts Geburt im Nuttenviertel.

Die Biographin diente im Spionagedienst der Amerikaner und hatte bis zum Verrat »im Auftrag« Karriere im SED-Staat gemacht. Ihrem Buch stellt sie die Frage voran: »Lohnt es sich, über Walter Ulbricht eine Biographie zu schreiben? Er hat, oberflächlich gesehen, kaum eine der Eigenschaften, die ein großer Politiker normalerweise aufweist. Er hat kein Charisma, nicht einmal Charme. Er ist, was man kontaktarm nennt. Er ist alles andere als ein hinreißender Redner; er sächselt, er ist nicht sprachgewaltig, er hat weder denkwürdige Worte geprägt noch originelle Ideen proklamiert. Er ist als Persönlichkeit nicht besonders eindrucksvoll und seine Lebensgeschichte ist nicht besonders aufregend.« Doch steht Ulbrichts Name heute als »Metapher, was man der DDR an Schlechtem nachruft: 17. Juni 1953, Mauerbau, SED-Diktatur, Stalinismus, Repression, Personenkult ...«.

Walter Ulbricht wurde am 30. Juni 1893 »hineingeboren in eine Zeit tiefer Widersprüche. An der Schwelle seines Lebens reifen große Entscheidungen heran. Er erblickt das Licht der Welt als Sohn der Arbeiterklasse, jener erstarkenden internationalen Kraft, die im Aufbruch ist, ausgerüstet mit dem historischen Auftrag, die Welt von den Übeln jahrtausendealter

Ausbeuterherrschaft zu befreien«, liest sich sein in der DDR erschienener Lebenslauf. »Ich hatte eine gute Kinderstube. Meine Eltern waren klassenbewußte Sozialisten«, sagt Ulbricht selbst. Sein Vater war Schneider, dem Kleinbürgertum näher als den Revolutionären. Kleinbürgerlich auch das Viertel, in dem die fünfköpfige Familie wohnte: in der Verlängerten Poniatowskistraße, nah am Zentrum. »Walter ist ein Junge, wie jeder andere. Er balgt sich mit den Schulkameraden, spielt in den Straßen Fußball, fährt im Winter von der Schule aus mit Schlittschuhen ein ganzes Stück nach Hause.« Später wird die Schule in der Max-Planck-Straße 1–3 stolz seinen Namen tragen.

»Aber es gibt zu Hause Dinge, bei denen Walter jedes Spiel vergißt. Wenn der Vater Besuch von Kollegen aus dem Gewerkschaftsvorstand hat, und sie über Streik und höhere Löhne diskutieren, läßt der Junge sich kein Wort der Gespräche entgehen.« Der Stoff, aus dem Legenden werden. Walter Ulbricht beginnt eine Tischler-Lehre. Das erste, was der Junge zimmert: ein Rednerpult für den sozialistischen Bildungsverein. Sein Gesellenstück – ein solider Schrank – bewahrt das Stadtgeschichtliche Museum Leipzig im Magazin. Dann geht's auf Walz durch ganz Europa. »Von der Wanderschaft nach Hause zurückgekehrt, wird Walter Ulbricht sogleich Mitglied der SPD. Bald darauf übernimmt er die ersten Funktionen als Mitarbeiter des Ausbildungsinstitutes und der zentralen Arbeiterbibliothek. Schon zeichnen sich erste Konturen eines Wesenszuges ab, der ihm im Lauf seines Lebens immer stärker eigen ist: Andere schon lehrend, lernt er selbst immer weiter.« Dies- und jenseits der innerdeutschen Grenze machte man sich je nach Weltsicht Walter Ulbrichts Leben passend. Die Fassade seines Geburtshauses in der heutigen Gottschedstraße 25 ist neoklassizistisch, zeigt drei großzügig geschnittene Etagen und ein Souterrain. Auch damals achteten die

Eigentümer auf die Reputation ihrer Mieter. So wohnte hier in den Räumen unter anderem Gustav Stresemann, als er in Leipzig studierte. Nah ist die Synagoge, nah ist das Centraltheater. Aber an diese Gebäudekomplexe schloss sich ein vergessenes Stadtviertel an: das Naundörfchen. Bis weit ins 20. Jahrhundert sorgte es mit seiner alten verwinkelten Bebauung für »Restromantik« in der wachsenden Großstadt. Es trieben sich Gestalten umher, die das Licht scheuten. Es fiel ortsfremden Lesern kaum auf, wenn die westliche Biographin vom zwielichtigen Milieu schrieb, das von der wahren Adresse nur zwei Querstraßen entfernt lag. »Als Sohn eines Flickschneiders wuchs er im ›Naundörfchen‹, dem Revier der Leipziger Prostituierten, auf.«

Carola Stern meint, dass Ulbricht immer an jenen »Schmalspurmarxismus« geglaubt habe, den er im Arbeiterjugend-Bildungsverein kennengelernt habe, und der sein einziges Bildungserlebnis geblieben sei. »Die Voraussetzungen im Denken haben ihm gefehlt: Wissen, Bildung und Denkbegabung. Aus der Not der begrenzten Begabung hat er die zweifelhaften Tugenden ›Unbeirrbarkeit‹ und ›Prinzipientreue‹ gemacht.« Mutmaßungen über Walter.

Walter Ulbricht wurde im Leipziger Nuttenviertel geboren – kein Irrtum, sondern eine bewusste Lüge im Klassenkampf der Systeme. Mittlerweile gibt es objektive(re) Biografien. Und das Haus in der Gottschedstraße ist renoviert.

Johann Sebastian Bach liegt in seinem Grab

Irrtum? *Natürlich* …

… blicken Besucher der Leipziger Thomaskirche im Altarraum auf die Grabplatte mit der Inschrift: »Johann Sebastian Bach«. Aber nachgewiesen wurde die Identität der darin liegenden Gebeine nie.

Es war Felix Mendelssohn Bartholdy, der den Leipzigern erklärte, dass der größte Musensohn aller Zeiten sein halbes Leben in der Stadt an der Pleiße verbracht hatte. Leipzigs Stadtväter hatten Bach, ihren »Cantor zu St. Thomas et Director Musices Lipsiensis«, nicht allzu gern. Schon bei seiner Anstellung war Bach nur die dritte Wahl gewesen. Seinen Lohn erhielt der Kantor selten pünktlich. Die Bachin organisierte für die Familie und die Thomaner das tägliche Überleben. Man begrub den Kantor 1750 auf dem Johannisfriedhof und ebnete die Stelle irgendwann ein. So war »die Spur seines Grabes im Lauf der Jahre verloren worden. Nur eine unverbürgte mündliche Tradition gab an, dass er in der Nähe des Südportales der Johanniskirche liege.« Dort hatten Enthusiasten zu Bachs 200. Geburtstag 1885 einen Gedenkstein anbringen lassen: »Auf dieser Seite des ehemaligen Johanniskirchhofs wurde Johann Sebastian Bach am 31. Juli 1750 begraben.« Eine Wiederauffindung des tatsächlichen Grabes hatten Historiker »für ein hoffnungsloses Unternehmen« erklärt. »Gleichwohl hat der Vorsitzende des Kirchenvorstandes zu St. Johannis den Muth nicht verloren und bei Anlaß des Umbaus der Johanniskirche 1894 Nachgrabungen veranstaltet, zu denen er mich als Sachverständigen hinzugezogen hat«, berichtete der Anatomie-Professor Wilhelm His. Die

Forschungen förderten eine Steuernotiz zutage, aus der hervorging, »daß Bach in einem eichenen Sarg beerdigt worden sei. Da man überdies wußte, daß Bach zur Zeit seines Todes 65 Jahre alt war, so waren dies die drei Vorbedingungen erfolgreicher Forschung: die Auffindung eines eichenen Sarges mit den Resten eines älteren Mannes in dem von der Tradition bezeichneten Kirchhofgebiet.«

Ein solch eichener Sarg »wurde nun in der That am 22. October 1894 aufgefunden, und die in demselben enthaltenen Gebeine wurden sorgfältig gesammelt.« Man übergab die Knochen dem Mediziner und bat um die Bestätigung der Identität. His stand »nun aber kein anderes Hilfsmittel zu Gebot, als die Vergleichung des Schädels mit den Bildern Bachs«. Zuerst nahm er die Knochen in Augenschein. »Die vorgenommene Vergleichung hat die Möglichkeit ergeben, daß der Schädel ächt sein könne.« Der Professor sagte sich, »daß ein erfahrener Künstler die Angelegenheit um einen wesentlichen Schritt weiter führen könne. Wenn es nämlich gelingen sollte, unter Innhaltung der nöthigen Vorsichtsmaßregeln, über den Schädel oder über seinen Abguß eine ähnliche Porträtbüste von Bach zu formen, so war die Möglichkeit der Ächtheit in eine Wahrscheinlichkeit umgewandelt.« Darum bat His den Kunstprofessor Carl Seffner, der »schon nach kurzer Zeit zu sehr ermuthigenden Ergebnissen gelangte«.

Doch genügte nicht, dass Carl Seffner einfach nach Gutdünken Gips und Ton über die Knochen legte. Sein Vorgehen musste wissenschaftlichen Ansprüchen genügen. Und so hatte Wilhelm His »im Laufe des Winters an 37 menschlichen Leichen die Dicke der Weichtheile in den verschiedenen Bezirken des Gesichtes gemessen. Aus den bezüglichen Werthen wurden die bei 8 gesunden älteren Männern gefundenen ausgeschieden und deren Mittel berechnet. Diese berechneten Mittelmaasse habe ich Herrn Seffner mit der Vorschrift übergeben, bei der

Entwerfung der Büste an dieselben sich zu halten. Bei Innehaltung diese Maasse hat er aber eine Büste zu schaffen vermocht, die die wesentlichen Eigenschaften der als Vorlage brauchbaren Bilder Bachs in sich vereinigt und die an Leben und charaktervollen Ausdruck jedes einzelne der Bilder übertroffen hat. Damit war mehr erreicht, als man je hatte hoffen dürfen, und die vom Rath der Stadt Leipzig zur Prüfung der Angelegenheit niedergesetzte Commission konnte mit gutem Gewissen ihr Urtheil dahin abgeben, daß die am 22. October 1894 im Johanniskirchhof aufgefundenen Gebeine eines älteren Mannes höchst wahrscheinlich die von Johann Sebastian Bach seien.« Die erste Gesichtsrekonstruktion der Welt!

Bis in die Gegenwart bestätigten Spezialisten wie Zahntechniker, Anatome und Pathologen, dass der 1894 gefundene Leichnam der des großen Komponisten sei. Auch die Untersuchungen der Jahre 1949 und 2008 behaupten, »dass das Gesicht zu 70 Prozent dem des wirklichen Bach« entspreche. 100 Prozent Sicherheit brächte nur eine DNA-Analyse der Knochen im Vergleich mit denen der Nachfahren Bachs.

Johann Sebastian Bach liegt in seinem Grab – vielleicht ein Irrtum. Eine zweifelsfreie Analyse birgt Risiken: Friedrich Schiller hat nie in der Weimarer Dichtergruft gelegen, obwohl man das als bewiesen ansah.

Hedwig Courths-Mahler – die Kitsch-Queen aus Chemnitz

Irrtum! *Denn* ...

... die ungekrönte Königin der Liebesschnulzen stammt aus Nebra, Sachsen-Anhalt. Doch lasen die Sachsen die Autorin zuerst, die dann zur meistverkauften Schriftstellerin in Deutschland und zum Vorbild all der Utta Danellas (auch eine Sächsin!, geboren 1920 in Leipzig), Hera Linds und Inga Lindströms wurde.

»Die modernen Schriftsteller geben dem Volk nicht, was es haben will. Sie öden die Leute mit ihrem eigenen Elend und ihrer Wirklichkeit an, sie wollen das Volk ertüchtigen, ihm jede Poesie, jedes Märchenhafte wegnehmen. Das fühlt das Volk, es will etwas anderes haben, es will keine Realistik, kein Grauen. Ich muss meinen Leuten etwas bringen, wodurch sie aus allem Elend befreit werden, das ist das Geheimnis meines Erfolges.« Dafür haben ihre Leserinnen Hedwig Courths-Mahler geliebt. Die Literaturwissenschaft sieht ihren Erfolg bis heute kritisch und nennt sie das Paradebeispiel für Trivialliteratur. Kritiker sprachen von der »Kotz-Malheur«. Aber auch heute erscheinen ihre 208 Romane pro Jahr in einer Auflage von 3,6 Millionen Exemplaren. Sie wurden in 17 Sprachen übersetzt. »Wenn es sie nicht schon gäbe, man hätte sie erfinden müssen!«, meinte Bertolt Brecht. Und der Leipziger Kabarettist Hans Reimann persiflierte sie mit *Hedwig Courths-Mahler. Schlichte Geschichten fürs traute Heim.* Damit erschloss er der Autorin weitere Leserschichten.

Aber jene, die die Courths-Mahler nur als Kitschautorin betrachten, machen es sich zu einfach. Natürlich bekommt das arme Mädchen letztlich ihren scheuen Grafen und endet im puren Glück. Natürlich wird in ihren Romanen weder staatliche Ordnung noch familiäre Hierarchie in Frage gestellt. Aber es wird gern übersehen, dass bei der Courths-Mahler wirtschaftlich selbständige junge Damen die Protagonistinnen sind: *Liane Reinhold* (1919), *Arme kleine Anni* (1916), *Die Kriegsbraut* (1916) oder *Griseldis* (1916). Und jene (Titel-)Heldinnen kämpfen für ihr Glück, sie erretten den geliebten Mann aus den Fängen böser Weiber. Das widerspricht dem gelebten Frauenbild der Zeit, schafft weibliches Selbstbewusstsein und -vertrauen. Der universitäre Literaturkanon dagegen propagiert Werke der Zeit, in denen die literarischen Heldinnen an den gesellschaftlichen Umständen zerbrechen: Theodor Fontanes *Effi Briest* (1896), Gerhard Hauptmanns *Rose Bernd* (1903), Georg Herrmanns *Jettchen Geberts Geschichte* (1906). Bei der Courths-Mahler nehmen die couragierten Frauen ihr Leben selbst in die Hand und bringen es zum Happy End. Auch deswegen verkaufen sich diese Romane seit ihrem Erscheinen immer wieder.

Hedwig Courths-Mahlers Biographie gleicht der einer ihrer Romanfiguren. 1867 wird sie als Ernestine Mahler in Nebra geboren. Als Vater nennt sie einen Unteroffizier Ernst Schmidt. Ihre Mutter Rosine Henriette Mahler gibt die Tochter in Pflege, heiratet, lässt sich scheiden, übersiedelt 1870 nach Leipzig. Dort ist sie bald polizeibekannt. Auch wenn sich später viele Anekdoten um das Leben der Hedwig Courths-Mahler ranken, die wirkliche »Arbeit« der Mutter beschreibt keine: Sie war Gesellschaftsdame, Prostituierte, das legen auch die Wohnadressen nah. Sobald sie kann, verlässt Ernestine Mutters Obhut, wird Hutverkäuferin am Markt, schwärmt fürs Theater und verliebt sich in den Maler und

Anstreicher mit der Arbeitsstelle vis-à-vis: Fritz Courths. Sie heiraten und ziehen nach Chemnitz. Die Gesellschaft bringt Ernestine Courths-Mahler mit dem Feuilletonchef des *Chemnitzer Tageblatts* zusammen. Jener Redakteur Paul Hermann Hartwig sagte zu »mir: ›Wissen Sie, daß Sie Dichteraugen haben?‹ Der Spott reizte mich, ich wurde rot und stieß hervor: ›Ich schreibe ja auch!‹ ›Der Tausend! Das muß ich zu lesen bekommen!‹« Widerstrebend, aber stolz überbrachte Ernestine ihm ihr Manuskript *Licht und Schatten.* Der Roman erschien vom 26. Februar bis 18. März 1904 in 36 Fortsetzungen unter schönerem Vornamen: Hedwig Courths-Mahler. Vor allem Leserinnen sind begeistert. All ihre weiteren Romane »folgen allgemein dem gleichen Muster: Sozial Benachteiligte überwinden Standesunterschiede durch die Liebe. Die Liebenden kämpfen gegen allerlei Intrigen und finden schließlich zueinander, erlangen Reichtum und Ansehen.« Im Dritten Reich erhielt HCM Schreibverbot und verzog an den Tegernsee. Dort versteckte sie Soldaten der Alliierten. 1950 starb Hedwig Courths-Mahler hochgeehrt und hochbetagt. »Wenn es je eine Volksschriftstellerin gegeben hat (aus dem Volk für das Volk), dann war sie's!«

Hedwig Courths-Mahler: Kitsch-Queen aus Chemnitz – ein Irrtum! In Chemnitz ward sie nicht geboren, aber in Chemnitz erschien ihr erstes Werk und machte HCM zum Markenzeichen.

Welterste Zahncreme: Chlorodont

Irrtum! *Doch …*

… gilt für viele der Dresdner Apotheker Ottomar Heinsius von Mayenburg als Erfinder der Zahnpasta. Mayenburg mixte 1907 Bimssteinpulver, Kaliumchlorat, Calciumcarbonat, Glycerin und Seife zu Chlorodont®. Für Geschmack und guten Atem rundete er seine Paste mit Pfefferminze ab.

Dass Menschen sich seit alters her die Zähne putzen, beweisen archäologische Funde. Römer nannten diese Körperreinigungsmittel Dentifricium. Es bestand je nach Quellenangabe aus Horn, Knochenasche, Muschelschalen, Bimsmehl oder Natron mit Myrrhe. Andere verwendeten einfach Salz. Im 19. Jahrhundert wurde es feiner: Marmor- oder Holzkohlenpulver, Ziegelmehl, Magnesiumcarbonat, geriebene Eier-, Sepia- oder Austernschalen. Apotheker rührten eigene Mischungen zusammen und verkauften das Pulver in Tüten und Dosen. Mit Finger, Holzstäbchen oder Schwamm reinigte man sich damit das Gebiss. Und man tat mehr: Die Mixturen versetzte man zusätzlich mit Geschmacksverbesserer, antibakteriellen oder schmerzstillenden Mitteln. Um Lippen und Zahnfleisch einen gesunden Teint zu geben, färbte man sie mit etwas Karmesin rosa ein. Zahnpulver, -seifen und -salze gehörten alsbald fest zur täglichen Körperpflege und Hygiene. 1852: In New London, Connecticut, experimentierte Zahnarzt Dr. Washington W. Sheffield in einem kleinen Labor und tat zum Pulver Glycerin dazu. Die heute übliche Zahnpasta war damit erfunden. Sheffield war kaum 23 Jahre und erkannte die Verkaufspotenz der Ware: »Dr. Sheffield's Crème Dentifrice is the finest preparation ever presented to the people of America.« Doch in Döschen trocknete die Paste schnell, auch Stannioltüten erwiesen sich für die Feuchterhaltung als ungeeignet. Die Idee des Creme-Verkaufs in Tuben kam Sohn Lucius Sheffield 1876, als er in Paris Kunstmaler beobachtete. Der Österreicher Carl Sarg hatte die Idee mit der Tubenpaste in Europa und verkaufte auf diese Weise ab 1887 Kalodont. Sheffields Creme kam per Tube erst 1892 auf den Markt. Auch die Überkronung von Zahnstümpfen ist diesem erfinderischen Zahnarzt zu verdanken.

1907: Ottomar Heinsius von Mayenburg übernimmt mit Jahresbeginn die Löwenapotheke Dresden, Altmarkt, Ecke Wilsdruffer Straße. Es erinnert sich die Nichte: »In der altehrwürdigen Apotheke gab es kein Heizproblem: Dort schlug einem im Winter Wärme und im Sommer Kühle entgegen. Die reichhaltige Ausrüstung an lateinisch beschrifteten Tiegeln und Gläsern, an Medikamentenpackungen, Parfümeriewaren und Hustenbonbons setzte sich von früh bis abends an der großen Kasse um, deren Inhalt dann mehrmals am Tage in einem eisernen Schrank verstaut wurde, zu dem nur mein Onkel den Schlüssel besaß. Dieser jüngste Bruder meines Vaters hauste am Ende der Verkaufspulte in seinem winzigen Privatkontor, trug einen weißen Mantel über einem hohen, vornübergebeugten mageren Körper und steckte seinen kahlen Geierkopf kaum mehr in die Apotheke hinein, von der es nur hieß, sie sei eine Goldgrube. Was sie zutage förderte, setzte er nämlich in dunklen Hinterräumen weiterhin um, und zwar in Kosmetikartikel eigener Erfindung.«

So experimentierte Mayenburg in seinem Privatlabor mit den gängigen Zutaten der Kosmentik- und Hygieneartikel, und ihm gelang der Durchbruch: Chlorodont. Eine gigantische Marketingmaschinerie ließ das Produkt schnell bekannt werden. Henri Julien Dumont entwarf als Werbeikone die Chlorodont-Frau – eine elegante Dame, Pelz um den Hals, rote Mütze und mit einem perfekten Lächeln. Darunter der Slogan: »Für die Zähne Chlorodont.« Die Herstellung der nun geforderten Mengen war in den Geschäftsräumen am Altmarkt nicht möglich. 1917 stellten sechzig Industriearbeiter die Paste auf der Königsbrücker Straße in den Leo-Werken her, 1924 waren es 400. Bald besaß die Firma Niederlassungen und Produktionsstätten in Hamburg, Frankfurt am Main und Berlin, aber auch in Bodenbach, in Wien, Paris, Amsterdam, Barcelona, Chicago, Hongkong, Buenos Aires, Lissabon, Athen, Stockholm und in Moskau. Chlorodont blieb in der DDR die bekannteste Zahnpasta. »Richtige Pflege – Gesunde Zähne! Viele Faktoren bewirken die Gesunderhaltung unserer Zähne. Vitaminreiche Kost und gründliche Pflege mit Zahnpaste erhalten Zähne und Zahnfleisch kräftig und gesund. Besonders wichtig ist das Zähneputzen am Abend, denn nachts haben Speisereste und Beläge Zeit, den Zahnschmelz anzugreifen.« Dem ist nichts hinzuzufügen.

Welterste Zahncreme: Chlorodont – ein Irrtum. In Übersee war das Produkt schon fünfzig Jahre vorher auf dem Markt, doch Ottomar von Mayenburg brachte Zahncreme in Deutschlands Läden.

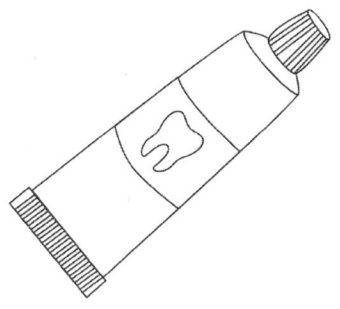

1913: Safari in Leipzig

Irrtum! *Aber ...*

... tatsächlich wurden in Leipzig am 19. Oktober 1913 sechs Löwen freilaufend erschossen, doch hatte man zur Jagd nicht gerufen: Die Tiere waren dem Zirkus entwichen.

»Als in der Sonntagnacht gegen ein Uhr die Kunde in unserer Redaktion einlief, daß acht Löwen des *Zirkus Barum* entsprungen seien, erschien uns diese Nachricht fast unglaublich. Es war für alle, die von dieser Tatsache hörten, rätselhaft, wie es kommen konnte, daß ein Käfig, in dem eine so große Anzahl Bestien eingesperrt war, sich öffnen konnte.« Auch heute noch macht die Geschichte staunen.

Eigentlich wollte *Barum's amerikanische Karawanen-Menagerie* am 17. des Monats Oktober weiterziehen, doch meinte der Direktor Arthur Kreiser: »Wir verlängern!« Denn in jenen Tagen war die Messestadt voller Touristen. Das Völkerschlachtdenkmal bekam seine Weihe. Die Könige Europas waren zu Gast. Viele Menschen wollten die Majestäten schauen und manche auch die Tiere in Barums Manege. In der Nacht des 19. Oktober brach man dann nach der Abendvorstellung das Zirkuszelt ab und verlud die Tiere. Die sollten zum Preußischen Freiladebahnhof transportiert werden. Kutscher Hermann Schmelzer meinte zum Kollegen: »Es geht auf eins, trinken wir noch ein Glas Bier, nachher hat die Wirtschaft zu!« Die Kollegen gingen bei *Graupeter* zur Theke. Die Pferde auf der Straße wurden unruhig, legten sich in ihr Geschirr, und die Deichsel eines Wagens durchstieß die Rückwand des Löwenkäfigs. Den Rest besorgte die Straßenbahn. »In der Berliner Straße fuhr Sonntagabend gegen zwölf Uhr ein Transportwagen auf einen Löwenkäfigwagen des *Zirkus Barum* auf.

Dabei gelang es einem Löwen, durch die Hinterwand des Wagens zu entkommen. Er sprang auf die vor dem nachfolgenden Tigerwagen gespannten Pferde. Zwei andere Löwen folgten ihm, so daß drei Tiere auf einem Pferde zu gleicher Zeit saßen. Die Pferde wurden natürlich scheu, schüttelten aber die Raubtiere ab. Diese ließen sich jedoch so schnell nicht abweisen und fielen die Pferde immer wieder an.«

Passanten flüchteten vom Tatort mit Geschrei. Streifenwachtmeister Weigel näherte sich ihm. »Ich zog meinen Revolver und schoß nun sechs Patronen auf die Löwen ab. Jedoch sprangen weitere Tiere aus dem Wagen. Von den Schüssen eingeschüchtert liefen sie in Panik umher und suchten sich Verstecke.« Alarmierte Polizisten rückten an. Am Ende waren es mehr als achtzig Bewaffnete. Zirkus und Zoo erhielten die Nachricht. Direktor und Dompteuse hofften, die Tiere lebend einzufangen. Vergeblich. Zwei der Löwen entfernten sich auf der Blücherstraße Richtung Süden und begegneten dabei ihrer herbeigeeilten Dompteuse, Madame Kreiser. »Sie rief den ersten Löwen beim Namen. Das Tier kam auf sie zu. Dieses hielt sie im Arm, den sie um den Hals des Löwen geschlungen, fest. Währenddessen schossen Schutzleute gerade vis-à-vis einen Löwen tot.« Löwendame Polly kam durchs Fenster ins *Hotel Blücher*. »Eine Dame, deren Zimmer gleich am Anfang des Korridors lag, wollte gerade ihre Schuhe vor die Tür setzen, als sie den Löwen erblickte. Sie hielt ihn zunächst für einen großen Hund. Mit seinen Tatzen kratzte er an der Tür eines Zimmers, das von einem Ausländer, einem Franzosen, bewohnt wurde. Ahnungslos öffnete dieser die Zimmertür, um nach der Ursache des Geräuschs zu sehen. Schlaftrunken glaubte er, es sei ein Kalb. Ein Todesschreck aber befiel ihn, als er plötzlich das Fauchen des Löwen vernahm und den heißen Atem der Bestie spürte. Mit Pechfackeln und vorgehaltenem Revolver gingen sie dem Tier zu Leibe und zwangen es bis ans

Ende des Korridors. Zufällig stand dort die Tür zu der Toilette offen, in die der Löwe mühelos hineingetrieben wurde.«

Am Ende der Jagd lagen sechs tote Raubtiere in Leipzigs Straßen. Die Löwenjagd war Stadtgespräch. »Safari in Leipzig« – das war die Schlagzeilen wert. Die toten Tiere wurden obduziert. Allein aus Abdul zog man 165 Patronen. Im Löwenhaus des Leipziger Zoos präsentierte man die Kadaver eine Woche lang auf Eis. Eine Attraktion. Und ein Ruhmesblatt für die Leipziger Polizei, die Schlimmeres verhindert hatte. Doch nicht jeder empfand die Hatz als Heldentat. Die Kritik war heftig. Kutscher und Zirkus wurden zu Geldstrafen verurteilt. Das Fleisch der toten Tiere verkaufte man: das Pfund zwei Mark. Einiges davon kochte man bei der Firma Weck in Stuttgart ein. Behauptet wird, das Fleisch sei sehr wohlschmeckend gewesen. Das *Hotel Blücher* trug fortan den Namen *Hotel zum Löwen* – jetzt nennt's sich *Best Western*.

1913: Safari n Leipzig – ein Irrtum! Aber eine Löwenjagd fand statt. 2016 starb nach Ausbruch erneut ein Löwe in der Messestadt. In hundert Jahren sollte man darauf vorbereitet sein.

Die letzten Worte des sächsischen Königs: »Macht Eiren Dreck alleene!«

Irrtum! *Denn …*

… abgetreten ist der Sachsenkönig ohne Pomp, fast unbemerkt, aber diese erfundenen Worte sind zur schönen Redewendung geworden. Der Majestät in den Mund gelegt hat sie der Leipziger Kabarettist Hans Reimann, der auch *Die Feuerzangenbowle* verfasste.

Sachsens letzter König wurde Friedrich August Johann Ludwig Karl Gustav Gregor Philipp von Sachsen getauft. Er wurde am 25. Mai 1865 in Dresden geboren und bestieg 1904 den sächsischen Thron. Der Monarch galt als volksnah und nahbar, und er sprach mit Bravour sächsische Mundart. »Waachnr, wenn von däm was gespielt wird, das gugg ich mir immer wieder gerne an. Daran gann ich mich gar nich satt sähn. Weil se da alle so schwitzen tun missen. Von der gleensten Biggolo-Fleede bis hin zur größten Baß-Bosaune. Das is ganz famos is das, wie se da alle miteinander rumwerchen missen. Das genn ich der faulen Gunst-Blase ema, dass se richtich arbeedn dun.« Kein Zweifel, er verstand und sprach des Volkes Schnauze.

»Mehr August als Friedrich!«, meinte dazu der deutsche Kaiser, und ein Kirchenvertreter entgegnete: »Als Mensch ist der König über alle Beschreibung achtenswert und sympathisch. Religiös, sittenrein, schlicht, gerade, offenherzig ist er ein vorbildlicher Vater und gewissenhafter Regent, der in allem nur das Beste will und erstrebt. Er ist im höchsten Maße beliebt.« Als der Regent 1932 in Dresden beigesetzt wurde, folgten mehr als 500 000 seinem Sarg. Gar der Kommunist Horst Sindermann musste gestehen: »Statt Rabatz zu machen, habe ich ergriffen die Mütze abgenommen.«

Vom Leben am Hofe erfuhr Hans Reimann durch seine Gemahlin, die am Hof gedient hatte. Diese Interna veröffentlichte der Gemahl als *Sächsische Miniaturen*. Und der Humorist schrieb noch mehr an Lachnummern hinzu. Auch die vom Abgang des Monarchen. Seiner Erzählung nach fragte der König seine Minister, als die Revolutionäre vor ihm standen: »Derfen die denn das?« Und als alle Minister genickt hätten, sei der König abgetreten. In Wahrheit erfolgte die Abdankung Friedrich Augusts III. wortlos. Laut umlaufenden Gerüchten war der Herrscher am 13. November 1918 zurückgetreten. »Auf die heute früh an Se. Excellenz den Herrn Finanzminister gerichtete Anfrage teile ich mit, daß Se. der König auf den Thron verzichtet hat. Gleichzeitig hat Se. Majestät alle Offiziere, Beamten, Geistlichen und Lehrer von dem ihm geleisteten Treueeide entbunden und sie gebeten, im Interesse des Vaterlandes auch unter den veränderten Verhältnissen ihren Dienst weiter zu tun.« Die darauffolgenden Kommentare glichen sich: »Der seitherige König von Sachsen hat damit die Konsequenzen aus der umwälzenden Verschiebung der Machtverhältnisse gezogen, die sich gegen seinen Willen vollzogen haben. Es ist ihm nichts anderes übrig geblieben. Im Grunde war die formelle Abdankung überflüssig, denn seine Absetzung war bereits durch Proklamation des Vereinigten Arbeiter- und Soldatenrats vollzogen worden. Es wird am bestehenden Zustande dadurch kaum etwas geändert. Wenn wir ihr noch einige Bedeutung beimessen, so deshalb, weil die Auslassungen über den Treueeid auch den Beamten ältester Geistesrichtung den letzten Vorwand nehmen, an ihrem seitherigen Platze auszuharren, der unter allen Umständen erhalten werden muß. Wir glauben nicht einmal, daß Friedrich August der Verzicht sehr schwer geworden ist. Er war keiner von den Kronenträgern, die das monarchische System zu Ansehen bringen oder das seitherige erhalten konnten. Die Herrscherpose stand ihm gar nicht, er hat sich an der Tafelrunde wohler gefühlt als im Ministerrat.« Und insofern wäre die Frage »Derfen die denn das?« durchaus möglich gewesen. Als Hans Reimann dieses Bonmot Kurt Tucholsky erzählte, meinte der, dass die Wirkung noch zu verstärken sei. Reimann schrieb um.

Seitdem verließ Friedrich August III. sein Schloss mit den Worten: »Macht Eiren Dreck alleene!« – ein Irrtum! Aber er bleibt im Gedächtnis, Hans Reimann sei Dank.

Hans Falladas Romane spielen nicht in Sachsen

Irrtum! *Auch wenn …*

… Falladas Weltbestseller in Berlin und der Mark Brandenburg angesiedelt sind, so inspirierten seine Leipziger Erlebnisse den jungen Autor zur ersten schriftstellerischen Arbeit *Der junge Goedeschal*.

»Heute möchte ich eigentlich sagen: Im ganzen genommen hat es sich bei mir – wie bei den meisten Menschen – ausgeglichen, Pech und Glück halten sich heute die Waage. Nein, das ist ungerecht. Die Schale des Glücks ist viel stärker gefüllt«, schrieb Hans Fallada in seinen Erinnerungen. Seine Leipziger Zeit wird er damit kaum gemeint haben, denn diese war tatsächlich nicht vom Glücke geprägt.

Rudolf Ditzen wurde am 21. Juli 1893 als Sohn des Landrichters Wilhelm Ditzen und seiner Frau Elisabeth in Greifswald geboren. Die Schule war ihm ein Grauen, die Lehrer hielten den Jungen für grenzdebil. Die Karriere versetzte den Vater ans Reichsgericht in Leipzig. Die Familie zog nach. Die Großstadt ängstigte: Automobile, Lichter, Getümmel, Lärm. Rudolf kam unter die Räder. Vor einer Droschke fiel der Junge vom Fahrrad und verletzte sich lebensgefährlich. »Eingeschlagene Zähne, klaffende Fleischwunden, mehrfache Knochenbrüche und schwere innere Wunden fesselten Rudolf für drei Monate ans Krankenhausbett. Er litt noch lange nach dem Unfall unter Schwindel und Schmerzattacken, hinkte. Kaum soweit genesen, daß er wieder an den Aktivitäten seiner Altersgenossen teilnehmen konnte, kam er typhuskrank von einer Wandervogeltour nach Hause.« Die Pubertät empfand der

Knabe als »unheimliche Gärung«, erkannte sich selbst nicht wieder. »Rudolf reagierte auf die körperlichen Veränderungen seines Körpers irritiert, übellaunig und unberechenbar.« Seine Gefühle entbrannten für die Schwester eines Schulkameraden. Prüderie und fehlende Aufklärung verhinderten offene Worte. Frauen waren Huren oder unantastbar. Rudolf schrieb der Angebeteten altersgerecht und anonym Liebesbriefe. Doch aus Angst vor der eigenen Courage denunzierte er sich bei deren Mutter selbst. »Sehr geehrte Frau Rat, lassen Sie sich nicht täuschen! Und wenn Sie sich täuschen lassen: Ihre Freunde wachen für Sie. Der Schüler sieht Ihre Tochter jeden Tag. In den Anlagen der Promenade zwischen fünf und sechs werden Sie ihn mit Ihrer Tochter Unzucht treiben sehen. Ein Freund Ihres Hauses, der wacht.« Des Mädchens Mutter, bass erschüttert, schritt zum Rektor des Gymnasiums. Durch Handschriftenvergleich ermittelte der den Schreiber: Rudolf Ditzen. Die Eltern konsultierten Ärzte. »Die seelische Überreizung Ihres Sohnes hat ihre Ursache in seiner vollkommenen sexuellen Unaufgeklärtheit. Indem er plötzlichen aus der Pubertät resultierenden Verschiebungen seiner Physis als etwas Rätselhaftem gegenübersteht. Zwingen eben diese ständig vermehrten Verschiebungen seine Psyche, sich unausgesetzt damit zu beschäftigen. Diese Überreizung ist bereits derart stark geworden, daß sie in ihren Äußerungen das Pathologische streift, wenn nicht gar schon sehr hierin übergreift.« Vater Wilhelm nahm den Sohn vom Königin-Carola-Gymnasium (Bernhard-Göring-Straße 60) und schickte ihn aufs Internat nach Rudolstadt. Der Weltschmerz begleitete den Knaben. Mit Freund Hanns Dietrich von Necker wollte er gemeinsam aus dem Leben scheiden, doch der als Duell getarnte Doppelselbstmord scheiterte. Rudolf schoss fast blind und gegen Sonnenlicht und traf den Freund tödlich. Er selbst überlebte sehr schwer verletzt. Schuldunfähigkeit wurde ihm attestiert, die Einweisung in die psychiatrische Klinik Tannenfeld bei Gera folgte. Dort schrieb Ditzen seinen ersten Roman: *Der junge Goedeschal*. Die Coming-of-age-Geschichte erschien 1920 und erzählt die Leipziger Liebesbrief-Affäre. Die Erzählung »gibt in ihrer expressiven, bildreichen, eigensinnigen Diktion die Grundlage für das literarische Schaffen dieses Autors«. Um Familie und Freunde nicht zu diskreditieren, wählte Rudolf Ditzen ein Pseudonym. Das extrahierte er aus Grimms Märchen: Hans nach »Hans im Glück«, Fallada heißt das Pferd der »Gänsemagd«. Der Durchbruch gelang dem Schriftsteller endgültig 1932 mit seinem zur Redewendung gewordenen Roman *Kleiner Mann – was nun?*.

An der Fassade seines Wohnhauses am Ende der Leipziger Schenkendorfstraße, Nummer 61, verweist eine Tafel auf den namhaften Mieter: »In diesem Haus wohnte in den Jahren 1909 bis 1911 der deutsche Erzähler Hans Fallada (1893 bis 1947).« Tragisch: Die Mutter erlebte noch den Tod des Sohnes. Er hinterließ drei Kinder. Fallada schrieb einst: »Wir wollen eine unvergängliche Spur hinterlassen auf diesem vergänglichen Stern.« Er tat es.

Hans Falladas Romane spielen nicht in Sachsen – ein Irrtum. Auslöser für die Weltkarriere des Autors war der pubertäre Weltschmerz in Leipzig, Sachsen.

Heinrich Zille ist ein Urberliner

Irrtum! *Stolz* …

… präsentiert die Kleinstadt Radeburg im Heinrich-Zille-Hain den Heinrich-Zille-Gedenkstein: Der »Chronist des Berliner Milljöhs« wurde nämlich allhier am 10. Januar 1858 geboren.

Denkt man an die Arbeiterviertel Berlins um 1900, sieht man die Figuren Heinrich Zilles. Mit bösem, scharfem Federstrich hielt er Alltagssituationen fest: »Von's Vergnügen der reichen Leute ham wir Armen doch noch immer wat: von die Pferde die Wurscht, von die Zigarr'n und die Zigaretten die Stummel, von die Flieger die Notdurft un von die Automobile den Jestank.« Dabei ist der Urberliner Zille ein Ursachse. Uhrmacher war der Vater in Radeburg, kaufte 1861 ein Dresdner Grundstück, verkaufte es und zog nach Berlin. Heinrich verdiente mit – als Botenjunge, Milch-, Zeitungs- und Brötchenausträger. Für den Sohn hatte der Vater das Metzgerhandwerk vorgesehen, Heinrich bezahlte sich da selbst schon Zeichenunterricht. Der Lehrer: »Das beste is, du lernst Lithograph. Zeichnen kannste, und du sitzt in 'ner warmen Stube, immer fein mit Schlips und Kragen, man schwitzt nicht und bekommt keine schmutzigen Hände. Und dann wirst du mit ›Sie‹ angeredet. Was willst de mehr?« Nach Studienabschluss wurde Zille Geselle bei der Photographischen Gesellschaft und schärfte seinen Blick. Nicht die feine Gesellschaft war ihm Motiv, sondern das proletarische Milljöh. Zille fotografierte die Kaschemmen, dunklen Hinterhöfe, Seitengassen, Mietskasernen und wurde nach dreißig Jahren als Fotograf 1907 aufgrund solcher Unansehnlichkeiten entlassen. Mit fünfzig musste er sich als freier Künstler versuchen und fand mit Berliner Witz, satirischem Auge und bitterbösester Ironie zu tieferer Bedeutung und unverwechselbarem Zeichenstil. Alsbald nannte ihn Berlin den Pinselheinrich und versah Heinrich Zille mit Ruhm und vielen Ehrungen. Doch den Künstler auf Karikatur und schnellen Lacher zu reduzieren, schlägt fehl. Seine *Hurengespräche* wurden literarisch zum Skandal. Seine Fotografien zeigen die Dreckecken der Gründerzeit. Seine Zeichnungen porträtieren das Leben neben dem schönen Schein der Kaiser- und der Nachkriegszeit.

Das Verhältnis zwischen Preußen und Sachsen ist aufgrund geschichtlicher Ereignisse problematisch. Bereits 1777 schrieb Gotthold Ephraim Lessing seinem Freund Friedrich Nicolai, das »erinnert mich, daß ich im vorigen Kriege zu Leipzig für einen Erzpreußen, und in Berlin für einen Erzsachsen bin gehalten worden – weil ich keines von beiden war«. Die Sachsen leiden noch immer unter den Schlachten, aus denen meist die Preußen siegreich hervorgegangen waren. Das Kaiserreich wurde von Berlin aus regiert: Berliner Schnauze und Großmannssucht. Sachsen war Regionalmacht, wenn überhaupt. Die DDR tat ein Übriges.

Dabei haben gerade Sachsen das Bild der Hauptstadt entscheidend mitgeprägt: Magdalene von Sachsen wurde durch Heirat 1524 Kurprinzessin von Brandenburg. Karl David Kircheisen war ab 1733 Berliner Bürgermeister, Polizei- und Stadtpräsident. Die gebürtigen Sachsen Ernst-Ludwig Aster und August Neidhardt von Gneisenau verdienten sich auf Preußens Seite Meriten in den Befreiungskriegen. Der letzte sächsische Kronprinz Georg starb 1943 in Berlin. Berliner Politik bestimmende Menschen jedweder Couleur waren von Geburt her Sachsen: Heinrich von Treitschke, Walter Ulbricht, Hermann Fleißner, Horst Sindermann, Heinz Felfe, Karl Liebknecht. Schauspieler, die Berliner Bühnen und Filme einzigartig gestalt(et)en – Sachsen: Eberhard Esche, Hansjürgen Hürrig, Günter Junghans, Manja Behrens, Claudia Michelsen, Jan Josef Liefers, Martin Brambach. Die Dramatiker Volker Braun und Heiner Müller. Sächsische Talente zog es immer wieder nach Berlin: die Autoren Heinz Knobloch, Joochen Laabs, Ludwig Renn, Ines Geipel, Ingo Schulze, Karl Mickel, Bruno Apitz. »Außenseiter – Spitzenreiter« – Fernseherfinder Hans-Joachim Wolfram. Skandaltänzerin Anita Berber und Primaballerina Hannelore Bey. DDR-Komponist und Brecht-Kollege: Hanns Eisler. Gar die Berliner Landeshymne »Das ist die Berliner Luft, Luft, Luft« stammt von einem – Chemnitzer: Heinrich Bolten-Baeckers.

> Berlin! Hör' ich den Namen bloß,
> da muß vergnügt ich lachen!
> Wie kann man da für wenig Moos
> den dicken Wilhelm machen!
> Warum läßt man auf märk'schem Sand
> gern alle Puppen tanzen?
> Warum ist dort das Heimatland
> der echten Berliner Pflanzen?

Berlin wäre ohne Sachsen nicht das Berlin, das alle kennen und – möglicherweise – lieben.
Heinrich Zille ist ein Urberliner – was für ein Irrtum! Wie auch andere Berühmte, die wir mit Berlin verbinden, in Wahrheit echte Sachsen sind.

Man lacht und lacht und lacht in Leipzig

Irrtum! *Wer* …

… deutschlandweit am meisten lacht ist noch nie gemessen worden. Aber zweifelsohne würde die Messestadt in der Heiterkeitsstatistik sehr weit vorn rangieren, denn die Stadt hat die höchste Kabarettdichte des Landes: eins pro 75 000 Einwohner.

Der Reiseführer Leipzig ließ 1929 wissen: »*Nachtfalter, Eden, Barberina-Mascotte* und wie sie sich betiteln: Das sind die Kabaretts und Amüsierlokale mit monatlich wechselndem Programm. Wer lachen will, schleiche incognito ins *Battenberg*-Theater. Je ernster die Stücke, umso besser. Das *Battenberg* ist gleichzeitig Varieté. Das *Krystallpalast* auch. Man sagt ›das‹ *Krystallpalast*, weil man ›Varieté‹ ergänzt. In Lindenau ist das Varieté *Drei Linden*. Im Varieté *Battenberg* ist der beste Platz der billigste. Das entspricht einem Seitenlogensitz im *Krystallpalast* oder in den *Drei Linden* oder in irgendeinem Theater. Es ist der Platz Seitenbalkon rechts oder links, erste Reihe, Nummer 8, 7, 6 oder 5. Kostenpunkt 1,75 Mark.«

Leipzig besaß nie einen Fürsten mit Hoftheater, die Kultur bezahlten sich die Bürger selbst. Was heißt, die Bühnen achteten auf Auslastung, Publikumswirksamkeit und guten Ruf. War die Stadt voller Messegäste, hatten die gestressten Handelsleute abends wenig Lust auf Hochkultur, sie wollten einfach gut unterhalten werden. Darum bemühten sich Leipziger Künstler, ohne auf Qualität, Anspruch und gesellschaftliche Einflussnahme zu verzichten. Schon Bachs Texter Christian Friedrich Henrici machte es derb: *Der akademische Schlen-*

drian, Ertzt-Säuffer (1725), *Die Weiber-Probe* (1726). Die Friederike Caroline Neuberin verbrannte hier auf offener Bühne den Hanswurst, weil der das Theater billig machte, und versuchte mit den Werken des Studenten Lessing eine neue Art von Lustspiel und Bildung: *Der junge Gelehrte* (1747), *Die alte Jungfer* (1748). Auch Goethe genoss diese Kultur und war in seiner Leipziger Sturm und Drang-Zeit »kompromißlos erotisch«. Lustspiel, Unterhaltung, Kabarett sind in Leipzig tief verwurzelt.

Ehedem bedeutete Kabarett Schänke oder Kneipe. 1880 etablierte Rodolphe Salis mit seinem *cabaret artistique* in Paris einen neuen Bühnenstil. Bald war der europaweit und anerkannt. Heute beinhaltet das Wort Kabarett weit mehr: Es ist vor allem eine Bühne, auf der gespielt wird. »Häufige Stilelemente sind Satire und Parodie sowie Sarkasmus und Ironie.« Erster Leipziger Star dieser Branche: Hans Reimann: »Selten gehen die Menschen zum Arzt, wenn sie Husten haben. Dafür gehen sie ins Theater!« Auf der Bühne seines Kabaretts *Die Retorte* brillierten unter anderem Joachim Ringelnatz, Lina Carstens und Erich Weinert.

> Und während sie schon zum Schlag ausholen
> betrügen sie dich mit Friedensparolen.
> Der Krieg der jetzt vor der Türe steht
> ist der Krieg gegen dich, Prolet!

Das Kulturgeschehen beobachtete scharf Erich Kästner, der vor Ort studierte und sich literarische Sporen verdiente. Unverwüstlich Lene Voigt, die der Weltliteratur mit ihren Balladen Sächsisch anverwandelte:

> Se sausten flink und immer schnäller
> Nach Leibzch in Auerbach sein Gäller.

145

Dort soffen grade die Studenten
Und daden so äs Geld verschwenden.

Nach der witzlosen Zeit von Faschismus und Krieg eröffnete Ferdinand May (Vater der Diseuse Gisela) 1947 sein literarisches Kabarett *Die Rampe*. Politisch spitzzüngig wurde 1954 die *Pfeffermühle*. Namen, die mit ihr verbunden: Erich Loest, Helga Hahnemann, Edgar Külow, Rainer Otto. Unter Beobachtung der Diktatur des Proletariats standen Kabarettisten immer. Der studentische *Rat der Spötter* wurde samt Chef Peter Sodann 1961 von der Probe weg verhaftet. Studenten gründeten auch *Die Academixer*. Ihr erster Auftritt 1966, elf Jahre später gingen sie freiberuflich zur Satire über wie Gunther Böhnke, Gisela Oechelhaeuser und Christian Becher.

»Student, was birgst du so bang dein Gesicht? – Siehst, Theorie, du die Praxis nicht?« Mixer Bernd-Lutz Lange setzte seinen Namen unter den »Aufruf der Leipziger Sechs« am 9. Oktober 1989. »Wir sind von der Entwicklung in unserer Stadt betroffen und suchen nach einer Lösung. Wir alle brauchen einen freien Meinungsaustausch.« Dazu muss Kabarett auffordern und das tut es.

Weitere Leipziger Kleinkunstbühnen derzeit: *Die Funzel*, *Sanftwut*, *Central Kabarett*, *Leipziger Brettl*, mehr Varieté und Show versprechen das (!) *Krystallpalast* und der *Palmengarten*. Auch andre Bühnen und Bürger bieten Grund zur Heiterkeit. Jährlich im Oktober veranstaltet Leipzig seine Lachmesse, wo jeder Markenname der Szene nicht nur vorbeischaut. Mehr Kabarett geht eigentlich nicht.

Man lacht und lacht und lacht in Leipzig – ein Irrtum? Nachgewiesenermaßen gab es in Leipzig auch mal weniger zu lachen: im Krieg 1631, 1813, 1943, 1989 und in all den Jahren dazwischen, wenn's privat grade nicht lief.

Die Sachsen haben die größten Füße

Irrtum! *Aber …*

… die größten Stiefel haben sie schon.

Das war nämlich so: Riesen sahen, dass das Land der Sachsen so flach lag, deshalb »brachen sie die Felsmassen von den südlichen Alpen und vom näheren Riesengebirge und schleppten sie hinab an die Elbe und legten sie an beiden Ufern derselben übereinander und bauten Wände und Türme und nebenhin an den kleineren Bächen bildeten sie Schluchten mit Zacken und Hörnern und Höhlen und allerhand sonderbaren Gestalten.« So entstanden die Sächsische Schweiz, die Elbhänge bei Meißen sowie die Felswände bei Nossen und Leisnig. Aber nachdem die Riesen ihre Arbeit getan hatten, zogen sie weiter, und als sie gingen, blieb einer mit seinem Stiefel tief im Sumpf stecken und musste ihn zurücklassen.

Der Riesenstiefel galt als verschollen, doch Meister des Fachs bauten ihn nach: 5 Meter Schafthöhe. Stulpenumfang 5 Meter. Sohlenlänge 1,9 Meter, ihre Breite 73 Zentimeter. Gesamtgewicht: 200 Kilogramm. Allein zehn Rindshäute wurden vernäht. Das Sporenrad misst im Durchmesser 50 Zentimeter und hat 16 Zacken.

Nun ist die Geschichte vom Stiefel keine Riesengeschichte, sondern die Geschichte der Schuhmacher Döbelns. Schon 1325 bestätigte eine Urkunde die Existenz ihrer Zunft in der Stadt. Das amtliche Papier war vom Markgrafen von Meißen und Landgrafen von Thüringen Friedrich II. höchstselbst unterzeichnet. Zum 600-jährigen Jubiläum der Innung dachten sich sieben Meister allhier: Wir fertigen den größten Stiefel der Welt und nahmen ihre Leisten. Dann war der Schuh fertig und sprengte alle bislang vorstellbaren Dimensionen. Vom 1. bis 3. August stand das Prachtstück auf dem Wettinplatz. »Das braune Leder leuchtete matt, der mächtige Reitsporn glänzte silbern, und die Döbelner samt ihren Gästen bewunderten das Meisterwerk und hatten ihre Freude daran.« Nach dem Fest suchte man einen Ehrenplatz in der Stadt Döbeln. Das Rathaus schien dafür am besten geeignet. Dort stand der Stiefel im Flur, von der Treppe aus konnte man in ihn Papierknöllchen werfen. Das ungepflegte Leder verrottete. Das Metall setzte Rost an. Schließlich landete das meisterliche Schuhwerk auf einem Bauhof. Dort erkannte man, gottlob, den Museumswert des großen Stückes. So kam der Riesenstiefel ins Kreismuseum Leisnig auf der Burg Mildenstein. Liebevoll wurde er dort gewienert, geflickt und restauriert. Dann platzierte man ihn in einer alten Schusterstube mit Schemel, Aale und Faden. Da konnte er sich fortan sehen lassen und avancierte zur Attraktion. Bis, ja, bis sich die Döbelner nach fast fünfzig Jahren ihrer Urheberschaft erinnerten und das Riesending zurückhaben wollten. Es kam zum Streit. Der Streit eskalierte. In aller Stille fertigten die Leisniger Schuhmachermeister Gerhard Berthold und Rolf Neidhardt einen neuen und noch größeren Stiefel. Der übertraf den alten allein schon in der Länge der Sohle um gut einen halben Meter. Zum 950-jährigen Stadtjubiläum präsentierte man ihn auf dem Leisniger Markt. Allerdings passte dieses Schuhwerk nun weder in die Burg noch ins Rathaus. Riesenstiefel Nummer zwei war für die Gebäude der Gegend einfach zu groß. Endlich fand er in der örtlichen Schule seinen Platz.

Und Döbeln nähte sich einen zweiten, denn zurücknehmen wollte man das Streitobjekt nun doch nicht mehr, wie zuvor verlangt. Ihren neuen Schuhkoloss stellten sie einfach ins Brauhaus, deswegen wird er Schwarzbierstiefel genannt.

Beide sind ihrem Vorgänger insofern überlegen, als dass sie transportfähig sind und weithin von der Kunst der Döbelner wie Leisniger Schuhmacher Zeugnis ablegen. »Um den Leisniger Riesenstiefel allen Interessierten präsentieren und ihn zu Anlässen außerhalb der Stadt transportieren zu können, müssen fast 500 Kilogramm bewegt werden. Als für den Schutz des Stiefels verantwortliche Gruppe wurde daher im August 1999 die Leisniger Stiefelwacht gegründet. Acht Wachmänner, sechs Stiefelburschen und ein Maschinist begleiten und präsentieren seitdem in historischen Uniformen das Wahrzeichen der Stadt« überall dort, wo man das maßlose Schuhwerk sehen möchte.

> Erweckt der Anblick alter Schuhe
> in dir ein heimlich-stilles Weh;
> so setz dich hin in aller Ruhe,
> bedenke was da vor dir steh'.
> Es ist auch deine Erdenreise,
> du weißt es wohl. Schafft es dir Weh?
> Das Paar zeigt dir auf seine Weise,
> dass alles, jedes bald vergeht.

Aber: Gute Pflege kann Schuhe, auch Stiefel, länger erhalten. Die Sachsen haben die größten Füße – ein Irrtum! Aber die größten Stiefel haben sie nachgewiesenermaßen, das wurde im *Guinness-Buch der Rekorde* 1997 wohl registriert.

Mittweida – Stadt ohne Highlight

Irrtum! *Nur …*

… ist es hier wie bei so vielem, was auf den ersten Blicke fad erscheint – mit Geduld und Suche findet sich manch Interessantes: Sachsens bekanntester Wilddieb bekam hier neues Augenlicht und Sachsens wichtigster Autor vergangener Gegenwart ist Sohn der Stadt.

Westlich der Zschopau liegt diese Stadt, die 1286 erstmals Erwähnung fand: Mittweida. Im Mittelalter brachte sie es zur Blüte durch die Zunft der Tuchmacher und Leineweber. 1867 gründete Carl Georg Weitzel vor Ort das Technikum. Auch heute genießt es überregionalen Ruf. »Das Studium an der Hochschule Mittweida dient der Befähigung, anwendungsorientierte und praxisbezogene, wissenschaftliche Ergebnisse in Wirtschaft und Gesellschaft zu nutzen, durchzusetzen und die Fähigkeit interdisziplinären Handelns insbesondere im Technik-, Wirtschafts- und Sozialsystem der Gesellschaft weiter zu entwickeln.« Berühmte Ingenieure haben hier ihr Studium abgeschlossen: August Horch, Friedrich Opel, Hans Bahlsen.

Aber sonst: »Kein König nächtigte hier, keine Schlacht wurde ringsum geschlagen; was will es schon bedeuten, daß sich Karl Stülpner, erzgebirgischer Freischütz, als geschlagener alter Mann hier am erblindeten Auge operieren ließ, wer weiß schon, daß Karl May vom Amtsgericht Mittweida wegen Betrugs und Diebstahls im Rückfall zu vier Jahren Zuchthaus verurteilt wurde, die er im benachbarten Waldheim absaß? Aus Jahrhunderte während Schlaf schreckte die Stadt im Dampfmaschinenzeitalter auf. Textil- und Maschinenfabriken entstanden, Unternehmer bauten Villen; das Technikum zog Studierende aus aller Welt an, bis zu zweitausend waren es bisweilen (heute sind's mehr als fünftausend), Mittweida besaß an die hundert Gaststätten vom Hotel bis zur Stampe. Mit den Fabriken wuchs das Proletariat.« Worte eines Mittweidaers. Worte von Erich Loest, einem der bekanntesten sächsischen Autoren. Am Pfarrberg 12 steht sein Elternhaus. Am 24. Februar 1926 erblickte er darin das Licht der Welt. Sein Vater »war Kaufmann und hatte eine Eisenwarenhandlung gepachtet, dort half die Mutter mit. Der Knabe Erich unterstand ihnen und den Großelternpaaren, Gaswerksdirektor und Oberlehrer mit ihren Frauen, er zog, kam er nach Hause, die Schuhe aus, da das Dienstmädchen es so anordnete.« Kindheit im sich etablierenden Faschismus. Erich wurde freudig Hitlerjunge. Ziel: Parteigenosse, Waffen-SS. Das scheiterte an der fehlenden Genehmigung des Schuldirektors. In den letzten Kriegstagen wurde Loest zur Wehrmacht eingezogen. Gefangenschaft. Abi. SED. Arbeit als Journalist in Leipzig.

Seine Kriegserlebnisse verarbeitet er im Roman *Jungen, die übrig blieben* (1950). Das Buch erregt Aufsehen, wird diskutiert: »Erich Loest kann ganz unbesorgt zurückschauen auf seinen literarischen Erstling. Er ist frisch geblieben und aktuell und steht für vieles mehr als für die paar Schicksale von Halbwüchsigen, die man vergeblich zu Helden machen wollte.« Den gesellschaftlichen Abläufen galt Loests Interesse, in seinen Texten nahm er darauf Bezug. Wegen »konterrevolutionärer Gruppenbildung« wurde er im November 1957 verhaftet, bis 1964 saß er im Gefängnis Bautzen. Man legte dem Autor nahe, sich nicht sofort und ganz direkt mit den sozialistischen Realitäten zu befassen: Er schrieb unter Pseudonym Kriminalromane. Der Bekannteste, *Der Mörder saß im Wembleystadion* (1967), wird vom DDR-TV mit vielen Stars verfilmt, unter anderem mit Friedo Solter, Cox Habbema, Eberhard Esche und Fred Delmare. Dann wandte sich Loest wieder dem real existenten Sozialismus zu: *Es geht seinen Gang oder Mühen in unserer Ebene* (1978) ist eine ungeschönte Bestandsaufnahme. Das Buch wird nach Auslieferung verboten. Loest tritt aus dem DDR-Schriftstellerverband aus. Drangsalierung und Öffentlichkeitsverbot lassen ihn 1981 in die BRD ausreisen. Leipzig bleibt er treu: *Völkerschlachtdenkmal* (1984), *Zwiebelmuster* (1985), *Leipzig ist unerschöpflich* (1985). Nach dem Mauerfall kehrt Loest heim und setzt fort: *Nikolaikirche* (1995), *Reichsgericht* (2001), erweitert *Löwenstadt* (2009). 2013 verstarb der Autor, weil er wollte.

Noch zu Loests Lebzeiten eröffnete in seinem Geburtshaus die Erich-Loest-Ausstellung. Viel ist dort über Werk und Leben des Autors zu erfahren. Verblüffendes von den Krimi-Dreharbeiten: Alles Lesbare, wie Straßennamen, Zeitungen, Autokennzeichen, wurde in Spiegelschrift gefilmt. Ökonomische Notwendigkeit: Reisen nach London waren der Crew unmöglich. Um den Linksverkehr zu zeigen, ließ man den Film einfach seitenverkehrt kopieren und sparte damit Aufwand sowie Kosten.

Mittweida – keine Stadt ohne Highlight!

Agatha Christie
recherchierte in Sachsen

Irrtum! *Aber …*

… tatsächlich ist der Krimiklassiker *Mord im Orientexpress* von einem wahren Fall inspiriert, dessen Spuren nach Kamenz und Leipzig führen. Agatha Christie konnte diesen Spuren nicht folgen, denn bei Erscheinen ihres Buches war der Täter noch nicht überführt.

Murder on the Orient Express kam am Neujahrstag des Jahres 1934 in den englischen Buchhandel und sorgte nicht nur ob der genialen Lösung des Falles für Furor. Zwölf Messerstiche verursachten den Tod des Mr. Samuel Edward Ratchett. Ein Unsympath, der unter falscher Identität unterwegs war. »Der Paß ist auf den Namen Ratchett ausgestellt worden, der unrichtig ist. In Wirklichkeit hieß der Mann Cassetti und war der Urheber einer scheußlichen Kindesentführung in Amerika.« Er hatte die kleine Daisy Armstrong entführt, ihre Eltern erpresst, welche die verlangte Summe zahlten. Da war das Kind schon lange tot. Die Parallelen zum Kidnapping des Lindbergh-Babys sind offensichtlich, es hatte 1932 weltweit für Schlagzeilen gesorgt.

Charles Lindbergh war einer der wenigen Helden, die ob ihrer persönlichen Leistung grenzenlos geliebt wurden. Er hatte Menschenunmögliches gewagt: Sein Leben nicht schonend, setzte sich Lindbergh am 20. Mai 1927 ins Flugzeug *Spirit of St. Louis* in New York und nach 33½ Stunden landete er ohne Zwischenstopp sicher auf dem Flughafen Paris-Le Bourget. »Ich war verblüfft, welche Auswirkungen meine erfolgreiche Landung in Frankreich auf die Länder in aller Welt hatte.

Mir kam das vor wie ein Streichholz, das ein Freudenfeuer in Brand setzt.« Die Katastrophe ereilte Lindberghs Familie am 1. März 1932: Während man im Wohnzimmer beisammensaß, wurde Charles Lindbergh jr. aus dem ersten Stock des Hauses entführt. Die Eltern zahlten ohne Diskussion die geforderte Summe, doch war das Baby noch am Tag seines Verschwindens ermordet worden. Die Ermittlungen führten nach zwei Jahren zu Bruno Richard Hauptmann. Der leugnete. Ein Indizienprozess sprach ihn schuldig. Am 3. April 1936 um 20.45 Uhr starb Hauptmann auf dem elektrischen Stuhl. Jener Bruno Richard Hauptmann wurde am 26. November 1899 in Kamenz geboren. Er erlernte den Beruf des Tischlers, diente im Ersten Weltkrieg als Soldat an der Westfront und wurde mehrmals verwundet. Zunächst fand er Anstellung als Fabrikarbeiter in Chemnitz. Dann wurde er entlassen und blieb wie viele seiner Kameraden im neuen Deutschland arbeitslos. Er wurde kleinkriminell. Raub, Einbruch und Diebstahl brachten ihm fünf Jahre Gefängnis, vier saß er ab. Als er danach erneut festgenommen wurde, floh er aus der U-Haft. »Beste Grüße an die Polizei« habe auf einem in der Zelle hinterlassenen Zettel gestanden. Dann wollte Hauptmann raus aus Deutschland. Seine Überfahrt in die Vereinigten Staaten erfolgte illegal, der dritte Versuch mit falschen Papieren gelang.

Unter den Immigranten findet er Freunde mit gleichem Schicksal, unter anderem Isidor Fisch. Und Anna Schöffler aus Markgröningen, Württemberg. Bruno Hauptmann heiratet sie. Er arbeitet als Zimmermann, sie in einer Bäckerei, in der New Yorker Bronx haben sie Zimmer. Im September 1934 wird er verhaftet, er hat mit einer gekennzeichneten Banknote des Lösegeldes aus der Lindbergh-Entführung bezahlt. In seiner Werkstatt findet man noch mehr Indizien, die auf seine Täterschaft weisen. Hauptmann leugnet, er habe seinem

Freund Isidor Fisch nur geholfen. Aber jener Isidor Fisch war am 29. März 1934 in Leipzig gestorben. »Mein Gott, mein Gott, wo gibt es Gerechtigkeit in der Welt?«, schrieb Hauptmann an seine Mutter Pauline in Kamenz.

Isidor Fisch, geboren am 26. Juli 1905, war Sohn eines Leipziger Pelzhändlers, der sein Geschäft in der Jahnstraße (Industriestraße) 45 betrieb. Die Schwester verkaufte im Pelzladen Tobias Braudes auf der Katharinenstraße. Der Bruder besaß ein eigenes Unternehmen, Brühl 47, II. Etage. Auch Isidor hatte den Beruf eines Kürschners erlernt. 1925 wanderte er nach Amerika aus, Geschäfte brachten ihn mit Bruno Hauptmann zusammen. Tuberkulose ließ Isidor Fisch in die Heimat zurückkehren, wo ihn seine Familie bis zum Tode hin pflegte. Die Geschwister mussten im Hauptmann-Prozess 1935 über die finanziellen Verhältnisse Isidors Auskunft geben. Nach Deutschland zurückgekehrt, fiel die Familie unter die gültigen »Nürnberger Gesetze«. Ihre Spuren verlieren sich in den Konzentrationslagern der Nazis. Das Grab Isidor Fischs befindet sich auf dem Neuen Jüdischen Friedhof in Leipzig.

Agatha Christie recherchierte in Sachsen – ein Irrtum! Das ist ihr zum Schreiben nicht nötig gewesen.

Geburtsort des Computers: Silicon Valley

Irrtum! *Denn ...*

... der erste Computer stand im Wohnzimmer der Familie Zuse in der »Alten Post« zu Hoyerswerda, Sachsen.

»Zu den Pionieren zähle ich mich unbedingt, ich habe aber auch nichts dagegen, dass Sie mich als Erfinder des Computers bezeichnen, solange Sie sich im Klaren sind, dass ich nicht der Einzige bin; da gibt es natürlich neben mir noch mehr, ich hatte nur das Glück, dass meiner zuerst lief.« Heute ist Konrad Zuse Legende, jeder Informatiker bezeichnet ihn als Konstrukteur der weltersten programmierbaren Rechenmaschine. 1910 wurde er in Berlin geboren, als er in die 9. Klasse ging, zog seine Familie in die sächsische Provinz. Hoyerswerda wurde Zuse Schule und Inspiration. Seine Reifeprüfung legte er am reformpädagogisch orientierten Realgymnasium ab. Bis 1935 studierte er in Berlin. Zunächst Maschinenbau, aber die Übungen im Maschinenzeichnen »ließen dem schöpferischen Geist nur wenig Freiheit in der Art der Darstellung; alles war genormt und festgelegt: die Strichdicken, die Art der Vermaßung, selbst die Plätze, an die die Maßzahlen zu setzen waren«. Konrad Zuse wechselte zur Architektur und nochmals zum Ingenieur für Bauwirtschaft, wo er künstlerische und technische Neigungen verbinden konnte. Mit Interesse »las er nach allen Richtungen, links Karl Marx oder Sigmund Freud, rechts Ernst Jünger und Möller van den Bruck, den Propheten des *Dritten Reichs*. Seine eigene Bibel wurde aber *Der Untergang des Abendlandes* von Oswald Spengler. Vermutlich sprach der deterministische Auf- und

Abstieg der Kulturen, wie ihn Spengler ausmalte, Zuses Sinn für Mechanik an.«

Seine erste Arbeitsstelle fand der Absolvent als Statiker bei den Henschel Flugzeug-Werken südlich von Berlin. Nach einem Jahr kündigte er, um nach Hoyerswerda zurückzukehren und im elterlichen Wohnzimmer mit dem Bau einer programm-gesteuerten Rechenanlage für Dualzahlen zu beginnen. Zuse war auf die Idee gekommen, die wiederkehrenden statischen Berechnungen zu automatisieren. »Ich beschäftigte mich mit dem Gedanken des mechanischen Gehirns.« Unterstützung kam von der Familie und von Freunden. Sein Vater ließ sich als Oberpostmeister aus dem Ruhestand reaktivieren, um die Maschine mitzufinanzieren. So entstand die Z1, »ein blecher-nes Monstrum, das im Prinzip funktionierte, doch stets ver-klemmt war. Immerhin erfüllte es den alten Traum des Eng-länders Charles Babbage von der *Analytical Engine*.« Diese Z1 war damit der »erste fertiggestellte, elektrisch angetriebene mechanische Rechner«. Sie arbeitete mit dem binären Zahlen-system eines Gottfried Wilhelm Leibniz (auch ein Sachse, ge-boren 1646 in Leipzig) und »besaß ein Ein- und Ausgabewerk, ein Rechenwerk, ein Speicherwerk und ein Programmwerk, das die Programme von gelochten Kinofilmstreifen ablas.« Be-reits 1938 führte Konrad Zuse ein funktionsfähiges Modell der Z1 »einem kleinen Kreis von Experten an der Technischen Hochschule Charlottenburg vor. In dieser Schaltung waren Glimmlampen und Röhren so kombiniert, daß die Röhren die Funktion der Wicklung eines Relais und die Glimmlam-pen die Funktion der Kontakte übernahmen. Die Ansprech-zeit einer Glimmlampe – im wesentlichen ihre Ionisierungs-zeit – ist um Größenordnungen kürzer als die eines Relais, so daß fünf- bis zehntausend Schaltungen pro Sekunde im Prin-zip möglich wurden. Dadurch hätte sich die Arbeitsgeschwin-digkeit einer Rechenmaschine vertausendfacht. Das Auditori-

um reagierte mit Kopfschütteln.« 1941 vollendete Zuse – immer noch im Wohnzimmer der Eltern – die Z3: »Die Maschine enthielt 600 Relais im Rechen- und 1400 im Speicherwerk. Die Gesamtspeicherkapazität betrug 64 Wörter zu je 22 Bit. Nur die zahlenmäßigen Daten wurden dort abgelegt; das steuernde Programm stand auf einem Lochstreifen. Ausgegeben wurden die Resultate durch Anzeige auf Lampenstreifen. Für eine Multiplikation, eine Division oder das Ziehen einer Quadratwurzel benötigte die Z3 etwa drei Sekunden.« Auch die Wehrmacht wollte vom neuen Gerät profitieren und unterstützte Zuses Arbeit mit 250.000 Reichsmark. »Nur zu oft ist der Erfinder der faustische Idealist, der die Welt verbessern möchte, aber an den harten Realitäten scheitert. Will er seine Ideen durchsetzen, muß er sich mit Mächten einlassen, deren Realitätssinn schärfer und ausgeprägter ist. In der heutigen Zeit sind solche Mächte, ohne daß ich damit ein Werturteil aussprechen möchte, vornehmlich Militärs und Manager. Nach meiner Erfahrung sind die Chancen des Einzelnen, sich gegen solches Paktieren zu wehren, gering.«
Geburtsort des Computers: Silicon Valley – welch Irrtum! Seit Januar 2017 ist in Hoyerswerda das Konrad-Zuse-Museum geöffnet.

Das Bernsteinzimmer findet man in Sachsen

Irrtum? *Zumindest …*

… bislang schlugen alle diesbezüglichen Ausgrabungsversuche im Freistaat fehl. Aber Indizien weisen immer wieder auf einen Liegeplatz hin: das Erzgebirge.

»Am 6.3.1952 gegen sieben Uhr wurde dem VPKA Schneeberg, Abt. K. fernmündlich mitgeteilt, daß eine weibliche Person, im Poppenwald erhängt aufgefunden wurde. Am beschriebenen Ort wurde festgestellt, daß eine weibliche Person, circa zwanzig bis dreißig Jahre alt, in sitzender Stellung an einem Baum festgebunden worden war. Besondere Merkmale wie Schleifspuren an den Beinen und Straßenschmutz an den Haaren deuten darauf hin, daß die Tote nicht freiwillig aus dem Leben geschieden ist. Aufgrund dieser besonderen Merkmale wurde sofort die Mordkommission Zwickau telefonisch benachrichtigt, die nun auch die weitere Bearbeitung übernimmt.« Mord. Die junge Frau war mit einem Russen liiert und nicht nur mit einem, wissen die Nachbarn. Sie hatte Geld bei sich, um in Westberlin Westwaren zu kaufen. Und vor dem Kriegsende hatte sie mit den Nazis poussiert. Viele private Motive, der Fall wurde niemals geklärt. Doch Theorien stellen den Tod dieses Mädchens in größere gesellschaftliche Zusammenhänge: Geheime Staatssache I: Die Wismut AG. Man grub hier nach strahlendem Erz. Geheime Staatssache II: Die alten Stollen schienen den Faschisten geeignet, Schätze zu sichern. Möglicherweise war der Poppenwald genau die Stelle, an der Wehrmachtsoffiziere das sagenhafte Bernsteinzimmer als Kriegsbeute vergraben hatten. Wusste das Mädchen zu viel?

Das Bernsteinzimmer ist Legende. Es war Millionen wert und ist verschwunden. Preußenkönig Friedrich I. ließ es fertigen. Andreas Schlüter gelang mit der Sonnentränen-Raumgestaltung das achte Weltwunder. Zar Peter I. war begeistert, und Soldatenkönig Wilhelm I. tauschte das Bernsteinzimmer gegen eine erkleckliche Anzahl Soldaten. Letztendlich hingen die Pretiosen in der Sommerresidenz des Zarenhofes in Zarskoje Selo. Von dort verschleppten die Nazis den Schatz nach Königsberg. Dort sahen Zeugen, wie er in Lkws verladen wurde. Die fuhren ab, nur wohin? Seitdem bewegt dieses Geheimnis Historiker, Hobbyhistoriker und Schatzsucher en masse.

Das Bernsteinzimmer im Poppenwald zu suchen, ist so abwegig nicht. Denn dieses Stück Land ist eines der rätselhaftesten im Erzgebirge überhaupt. Aufgelassene Stollen haben den Berg untergraben. In Baumrinden kann man kryptische Inschriften lesen. Steine weisen hin auf große Männer und urzeitliche Riten. Ruinen. Hohle Bäume. Geheime Zeichen. Und die achtzig Hektar Wald unterscheiden sich tatsächlich von dem im Erzgebirge üblichen: Nicht Nadelbäume dominieren, sondern Buchen und Birken. Das Areal ist naturgeschützt. Seltene Tierarten wie Luchs, Feuersalamander und Uhu haben hier Heimat gefunden. Armeen hatten das Gebiet einst zum streng geheimen Ort erklärt. Straftäter haben bereits vor Hunderten Jahren die dortigen Hölzer und Höhlen genutzt. Diebesbanden nahmen hier Quartier. Flüchtlinge vor und nach Kriegen versteckten im Boden ihren Besitz. Aufklärungsflugzeuge fotografierten die Gegend. Warum? Schatzgräber glauben, dass im Boden nicht nur das Bernsteinzimmer zu finden sei. Bagger trugen bereits Schichten von Erde ab. Geisterseher, Graphologen und Linguisten versuchen, die Zeichen zu deuten. Eins ist gewiss: Nur zur Erholung kann man diesen Wald nicht betreten. Doch Resultat: keins.

2008 ein weiterer Hinweis, der ins Erzgebirgsdorf Deutschneudorf an der tschechischen Staatsgrenze führt. Ein Forscher »will Unterlagen gefunden haben, in denen die Koordinaten für ein unterirdisches Schatzdepot eingezeichnet sind. Die Hinweise habe er aus dem Nachlass seines Vaters, der als Funker und Navigator in den letzten Wochen des Zweiten Weltkriegs dabei geholfen haben will, Nazi-Reichtümer im Erzgebirge zu verstecken.« Und erneut rückt man an mit schwerem Gerät, um unter der Erde zu suchen, begleitet von Schatzkundigen mit Metalldetektoren, von Wünschelrutengängern, von Schaulustigen und einer Meute an Journalisten. Angesichts dieses »Goldrauschs« beorderte die Polizeidirektion Chemnitz-Erzgebirge Sondereinheiten. Die Initiatoren waren sauer: »Wir dürfen nicht zulassen, dass dies hier ins Lächerliche gezogen wird!« Abbruch der Suche. Resultat: keins.

Das Bernsteinzimmer findet man in Sachsen – noch kein Irrtum! Denn solange es verschwunden bleibt, wäre es möglich, dass man den Schatz im Erzgebirge, in Sachsen, in Deutschland, in Europa wiederentdeckt.

Kohren-Sahlis: Lügenbaron stiftete Wahrzeichen

Irrtum! *Denn ...*

... jener Hieronymus Carl Friedrich Freiherr von Münchhausen, der als der größte Lügner in die Literaturgeschichte einging, lebte und starb im niedersächsischen Bodenwerder. Und doch war es einer jener aus dem Geschlechte derer von Münchhausen, der der Stadt Kohren-Sahlis ihr Wahrzeichen gab: den Töpferbrunnen.

Fürs Töpfern ist Kohren-Sahlis über seine Stadtgrenzen hinaus bekannt. Der Töpferbrunnen steht auf dem Markt. Sechs Reliefs zeigen Herstellung, Gebrauch und den Bruch von Tongeschirr. Gekrönt wird der Brunnen von der kräftigen Topffrau, die ihre Waren zum Verkauf zu bringen weiß.

> Städtlein über Hügeln,
> Deine Töpf' und Krügeln
> Alles überflügeln,
> Was die anderen klügeln!

Die Verse stammen von Börries Albrecht Conon August Heinrich Freiherr von Münchhausen. Seinerzeit war er als Balladendichter wohlbekannt. Er wurde am 20. März 1874 in Hildesheim geboren und stammte tatsächlich aus der sagenumwobenen Familie Münchhausen. Durch Herkunft und Erziehung war er monarchisch-konservativ geprägt. »In seinen Schriften und seinem Briefwechsel fügte er ein Komma nach dem Vornamen ein. Für ihn war der Titel Freiherr nicht bloß traditioneller adliger Namensbestandteil, für ihn bedeutete Freiherr Programm: Er wollte ein freier Herr sein.« Die Neigung zur Literatur schreibt Börries von Münchhausen dem Erbe seiner Mutter zu, die von der Gabelentz aus Windischleuba (heute im Landkreis Altenburg) hatten in ihrer Ahnenreihe Sprachforscher, Dichter und Kulturwissenschaftler. »Seit der Schulzeit verfasste Münchhausen eigene Balladen. 1897 erschien sein erster Band *Gedichte*. Im Jahr darauf rief er den *Göttinger Musenalmanach* ins Leben, worin er die Ballade als das ›schlummernde Königskind der deutschen Dichtung‹ verherrlichte und ihr ein Forum bot. Münchhausens Balladen feiern vergangenes Rittertum und die germanische Sagenwelt. Ihre Verklärung traf den Zeitgeist und machte sie so beliebt.« 1922 erhielt der Dichter den Schiller-Preis.

Im Elternhaus war der junge Börries Anna von Breitenbuch begegnet, der Tochter des herzoglich-sachsen-altenburgischen Oberjägermeisters. Seine Zuneigung wurde erwidert. Äußere Umstände und Verhältnisse, insbesondere die Vermögenslosigkeit Börries', machten eine Heirat unmöglich. Anna, eine stadtbekannte Altenburger Schönheit, gab schließlich dem langen Werben eines anderen nach und heiratete Heinrich Crusius, den eleganten und reichen Rittergutsbesitzer von Sahlis und Rüdigsdorf.

> Ich hab meiner Liebe ein Grab gemacht
> In tiefer Waldesmitten,
> Hab einmal noch an sie gedacht,
> und bin davon geritten.

So leicht ist ihm die Entsagung nicht gefallen. Börries blieb mit Anna in Kontakt. Als ihr Ehegatte stirbt, holt Anna den Geliebten als Gutsverwalter nach Sahlis. Am 15. November 1902 wird ihre Ehe geschlossen. Zwei Jahre später kommt ihr Sohn Börries jun. zur Welt.

Anna – Was ich jemals hab empfunden,
Was ich litt und was ich bin,
Alles hat nun heimgefunden
zu der blonden Königin.

Des Dichters Stern beginnt zu steigen. Börries ist äußerst produktiv, über 400 seiner Texte werden vertont. Im Jahre 1928 verfasste er anlässlich der Einweihung des Töpferbrunnens jene berühmt gewordenen Verse – seine Liebeserklärung an die Stadt.

Städtlein auserkoren –
Wo rinnt außer Kohren,
Solch' Naß aus Rohren,
Wie wir's hier erboren!

Anders seine Balladen:

Die Glocken stürmten vom Bernwardsturm,
der Regen durchrauschte die Straßen,
und durch die Glocken und durch den Sturm
gellte des Urhorns Blasen.

Über das Verhältnis des Autors zum Dritten Reich ist viel diskutiert worden. Münchhausens Heroisierungen germanischer Sagengestalten passte zur nationalsozialistischen Ideologie. »Im Oktober 1933 gehörte Münchhausen zu den 88 Schriftstellern, die das Gelöbnis treuester Gefolgschaft für Adolf Hitler unterschrieben. Ein Jahr später erfolgte seine Ernennung zum Senator der Preußischen Akademie der Künste.« Hitler setzte ihn auf die »Gottbegnadeten-Liste« der deutschen Künstler. Persönliche Verstrickungen in die Politik des

Dritten Reichs und sein Antisemitismus konnten nie bewiesen werden.

> Nun wächst ein Sohn mir auf, so heiß geliebt
> Wie keiner, dran ein Vaterherz gehangen.

Kaum dreißig Jahre alt, verliert Börries jun. bei einem Autounfall das Leben. Die geliebte Anna stirbt im Januar 1945. Am 16. März setzt Börries von Münchhausen seinem Leben ein Ende. Auf dem Marktplatz zu Kohren-Sahlis stehen seine Verse in Ton.

> Städtlein reich gesegnet,
> Ob es schneit, ob's regnet,
> Was dir auch begegnet,
> Städtlein sei gesegnet!«

Ein Wahrzeichen vom Lügenbaron ist es nicht – aber ein Münchhausen hat es erdacht.

Und es gab sie doch: die *Freie Republik Schwarzenberg*

Irrtum! *Denn* …

… Schriftsteller Stefan Heym erfand diese Bezeichnung und machte damit auf ein Geschehen aufmerksam, das demokratische Alternativen zur Besatzungsmacht geboten hatte.

Der Roman *Schwarzenberg* sorgte mit seinem Erscheinen für Furor. In der DDR wurde er niemals verlegt, zu heikel schienen den Kultursozialisten geschildertes Geschehen, Thema und Aussage. Informierte Kreise diskutierten trotzdem. »Die Republik Schwarzenberg ist nicht mehr auffindbar. Selbst das Gebiet, das einst zu ihr gehörte, ist aufgeteilt worden. Fast scheint es, als hätten gewisse Personen ein Interesse daran gehabt, alles Gedenken an sie auszulöschen, als wäre diese Republik etwas Schlimmes gewesen, eine Art Krankheit, eine Pestbeule, die man ausbrennt.«

Im Bergland kommt bekanntlich »der Frühling später als anderswo. Das macht die Höhe. Wenn unten im Lande die Kirschbäume schon in Blüte stehen und auf den Flächen das Wintergetreide längst grünt, öffnen sich bei uns erst die Krokusse, die Bauernweiber, über die Erde gebückt, stecken die Saatkartoffeln in den kargen Boden der winzigen Äcker, die eingebettet liegen zwischen den Steinen der Berge, und in den Wäldern findet sich noch, geschützt vom Schatten der Bäume, grauer Schnee.« Das östliche Erzgebirge wurde bei Kriegsende von den Truppen der Roten Armee besetzt, in den westlichen marschierten die Amerikaner. Dazwischen war es »in diesem Teil des Landes noch völlig unklar, wer kommen und das Dorf oder die Stadt besetzen würde, die Russen oder die

Amerikaner; die Mehrzahl der Leute, das war sogar unter den Fremdarbeitern und erst recht bei den Flüchtlingen spürbar, hoffte, es möchten die Amerikaner sein, weil diese aus einem bekanntlich sehr reichen Lande kamen und daher größere Vorräte mit sich führen würden, an die sich eventuell heran-kommen ließe, während die Russen, ebenso arm wie unzivilisiert und ungezügelt, und dazu rachsüchtig, die geringen Werte, die einem noch geblieben waren, plündern, die Weiber vergewaltigen und Gott weiß was noch für Schandtaten begehen würden«. Auf den Höhenzügen um Schwarzenberg standen sich die Armeen der Alliierten gegenüber. Dazwischen, sagt man, existierte 42 Tage lang die *Freie Republik Schwarzenberg*. Die Republik hat niemals existiert, schon vor Kriegsende war das Tal des Schwarzwassers ein »Stück ausgespartes Land« gewesen. Das blieb es auch nach der deutschen Kapitulation. Seine »Ost-West-Ausdehnung betrug etwa 38, die in Nord-Süd-Richtung etwa 45 Kilometer, in der Fläche von 1500 bis 2000 Quadratkilometern hielten sich geschätzte 500 000 Menschen als Einheimische, Evakuierte und Flüchtlinge auf«. Genaue Grenzen können nicht angegeben werden, denn das Gebiet umfasste Teile verschiedener Kreise: Schwarzenberg, Stollberg, Annaberg-Buchholz, Zwickau sowie Gebiete südlich von Chemnitz. Die Frage, warum in jenen Dörfern und Städten keine der alliierten Armeen einmarschierte, bleibt unbeantwortet. Theorien gibt es für diesen Verzicht mehrere. Am plausibelsten scheint, dass die Amerikaner nach Gesprächen mit den Offizieren der Roten Armee bis zur Mulde vorrücken sollten. Doch Flüsse diesen Namens gibt es im benannten Land drei. Andere meinen, den Landkreis hätte man bei der Aufteilung schlichtweg vergessen, oder er sei als Pfand für Westberlin übrig geblieben.

Fakt ist: Nach dem 9. Mai 1945 bildeten sich in vielen der 21 nicht eingenommen Gemeinden antifaschistische Aktionsausschüsse, die über Posten und Politik selbst entschieden. 42 Tage lang existierte so etwas wie eine *Republik Schwarzenberg*. Der Terminus ist eine Schöpfung des Schriftstellers Stefan Heym. Er wurde 1913 in Chemnitz geboren, verließ Deutschland 1933 aufgrund seiner jüdischen Abstammung und kam 1945 als amerikanischer Soldat ins Heimatland zurück. *Republik Schwarzenberg* – damit hatte Heym für die Tage des politischen Machtvakuums den Namen gefunden und einen Mythos erschaffen. Die Gründung einer Republik stand vor Ort nie zur Debatte. Es ging ums nackte Überleben. Im Roman wird dieser Zustand Sinnbild für eine freiheitliche, gerechte und sozialistische Gesellschaft. Sie scheitert. »Manchmal schafft die Historie Fakten, die wie Fiktionen wirken. So als wolle sie einen besonders ausgepichten Stoff für die Literatur liefern – eine Versuchsanordnung neben der Geschichte oder gar ein Stück Utopie.«

Und es gab sie doch: die *Freie Republik Schwarzenberg* – ein Irrtum, diese Republik hat es niemals gegeben. Sie ist eine literarische Erfindung, aber eine sehr gute!

Karl May war in der DDR verboten

Irrtum! *Aber …*

… seine Bücher kamen erst nach 1982 wieder in den ostdeutschen Handel. Das war der Devisenknappheit der DDR geschuldet, die Rechte lagen beim Karl-May-Verlag, und der residierte seit 1959 im fränkischen Bamberg. Man hätte für Sachsens Nationalautoren teuer bezahlen müssen. Stolz war der Sachse seit je auf seinen Karl May und er blieb es.

»Das Karl-May-Museum in Radebeul ist eine Sehenswürdigkeit, deren Besuch kein Fremder bei einer Umschau in Dresden und Umgebung versäumen darf. Am Fuße der Weinberge der Lößnitz, deren Blütengarten im Frühling ein Zauberreich bedeuten, liegt es als lockendes Ausflugsziel«, pries die Werbung der 1930er Jahre. »Frau Klara May, die Witwe Karl Mays, und Dr. Schmid, der Leiter des Karl-May-Verlages, haben im Verein mit dem fahrtenreichen Patty Frank das Karl-May-Museum 1928 ins Leben gerufen, äußerlich ein stilechtes Wildwest-Blockhaus im Garten der Villa »Shatterhand«. Es birgt Sammlungen Patty Franks und Karl Mays, eine prächtige Schau indianischer Waffen, Kleidungsstücke und Gebrauchsgegenstände und darüber hinaus eine unzählbare Fülle von Anschauungsstoff über alles, was mit den ›finsteren und blutigen Gründen‹ des roten Mannes irgendwie zusammenhängt. Auch die berühmte Silberbüchse, der Bärentöter und der Henrystutzen werden dort dem Besucher gezeigt.« Museumsinitiator Patty Frank wurde 1876 als Ernst Tobis in Wien geboren. Mit seiner Mutter übersiedelte er nach Frankfurt am Main, dort begann er eine Kunstgärtnerlehre.

Als im Palmengarten, seiner Ausbildungsstätte, *Buffalo Bill's Wild West Show* mit Cowboys und 200 Indianern gastierte, war er begeistert. Und als die Compagnie einen Stallburschen suchte, zog der Junge mit der Truppe. Die Mutter holte ihn heim, ein Paar Mokassins schenkte man dem Begeisterten als Erinnerung. Grundstock für seine ethnologische Sammelleidenschaft. Der Bursche trainierte, wurde Artist, legte sich das Pseudonym Patty Frank zu und interessierte sich für alles Weitere aus dem Leben der Indianer Nordamerikas. Als seine Ersparnisse durch die Inflation vernichtet wurden, bat Frank den Karl-May-Verlagsleiter Dr. Schmid um Unterstützung. Klara May ließ im Garten des Karl-May-Hauses die Villa »Bärenfett« bauen, in der Patty Frank wohnte. Das Museum mit den Sammlungen Karl Mays und Patty Franks eröffnete 1928. Patty Frank wurde dessen Leiter und führte bis ins hohe Alter selbst durch die Räume. Die lebendige Art seines Erzählens machte ihn zum Original, das die Jugend begeisterte. Ein Leben im Banne von Karl May.

»Gefangener? Jawohl, Gefangener! Aber mit Anführungszeichen. Das war ich von Jugend an. Das erste Mal als Zwölfjähriger. Damals las ich im *Guten Kameraden* den *Sohn des Bärenjägers* und war gefangen. Gefangen von Karl May. Immer und immer wieder las ich die Fortsetzungen, und je mehr ich las, desto fester zog sich das Lasso um mich und fesselte mich an den Dichter. Und so verging Jahr um Jahr, immer im Banne Karl Mays; meine große Indianersammlung, die ich im Lauf von 35 Jahren zusammentrug – alles im Banne Karl Mays. Ich bereiste die ganze Welt, zehnmal ging's über den Äquator. Mit den größten Schaustellungen zog ich über die fünf Erdteile: mit Buffalo Bill, Barnum & Bailey, Hagenbeck; aber ich blieb immer ein Gefangener Karl Mays und seiner Werke. Und jetzt werde ich bis ans Lebensende sein Gefangener bleiben; als Hüter des Blockhauses, als Verwalter der Indianerschätze, die von Karl May und mir gesammelt wurden. Mein Los als sein Gefangener fällt mir aber leicht. Gern und freudig ertrage ich es, tausche mit niemand und will die May-Gefangenschaft noch recht lange, mit einem Wort – lebenslänglich erdulden, bis ich in die ewigen Jagdgründe eingehe, wo sie erst recht nicht aufhören wird. Howgh!«, sprach Patty Frank und saß vor Tür der Villa »Bärenfett«, neben sich einen ausgestopften Grizzly, der heute wieder dort steht.

Der DDR war Karl May zumindest suspekt. 1956 benannte sie sein Museum um in Indianer-Museum. 1959 starb Patty Frank. Der Verlag zog nach Bamberg. Im Volksmund blieb das Museum das Haus, in dem Karl Mays Geist überlebte. Dass man seine Romane nicht kaufen konnte, begründeten sozialistische Pädagogen: Er sei realitätsfern gewesen, Liselotte Welskopf-Henrich hingegen schildere das wahre Leben der *Söhne der großen Bärin*. Aber in den Bücherschränken der Opas standen die alten Schmöker. Ab 1982 gab's Karl May wieder im Handel, da waren seine Werke urheberrechtsfrei. Der DDR-Fernsehfunk verfilmte ihn letztlich: *Das Buschgespenst* (1986). Toll.

Karl May war in der DDR verboten – ein Irrtum! Er war der DDR schlichtweg zu teuer. Heute ist er Sachsen ein Schatz.

Dresdner trinken Sekt im Sektglas

Irrtum! *Denn* …

… im größten Sektglas der Welt wird weder ausgeschenkt noch gekocht. Dresdens weithin sichtbare Landmarke auf der Elbhöhe bei Wachwitz, der Fernsehturm, darf seit 1991 nicht mehr betreten werden: Tote Aussicht.

»Wir sind hier in Dresden so schrecklich beschränkt, in unserm Horizont so eingeengt. Das Westfernsehn krieg'mer hier nicht rein und die Zeitschrift *Jasmin* für die Liebe zu zwein, und die *St. Pauli Nachrichten* für die Liebe zu vieren – man möchte sich wenigstens mal informieren.« Das Klagelied der Residenzler ist landesweit bekannt: ARD – Außer Raum Dresden. Dabei wäre Westempfang leicht möglich gewesen, alle Voraussetzungen störungsfreier Übertragung waren gegeben. Die DDR wollte hoch hinaus – das war kein Geheimnis. Berlin machte es mit seinem Telespargel schön vor. Auch in Dresden sollte solch ein Fernsehturm entstehen. Der Chefarchitekt Kurt Nowotny ließ sich von einem Sektglas inspirieren – wahrscheinlich war ihm die Idee zu Silvester gekommen. Und so grazil und zerbrechlich wirkt auch das Bauwerk, zum anderen stolz, futuristisch, sehr elegant. Der Turm in Dresden war das zweithöchste Gebäude der DDR – die Superlative gehörten Berlin. 252 Meter ist Dresdens Fernsehturm hoch, doch steht er auf 230 Metern über NN, was ihn in absoluter Größe denn doch zum Größten aller Ostdeutschen machte. Sein Schaft besteht aus Stahlbeton und hat einen Durchmesser von 21 Metern. Das Fundament ist in sechs Metern Tiefe im Lausitzer Granit fest verankert. Das Gesamtgewicht des Turms beträgt 7300 Tonnen. In die absolute Höhe führen 750 Treppenstufen hinauf zu Kanzel und Aussichtsplattform.

Baubeginn war 1963, Eröffnung zum 20-jährigen Republikjubiläum am 7. Oktober 1969. Die Gaststätte in der Höhe bot über Jahrzehnte hinweg Sachsen im Überblick. »Es war eine schöne Zeit. Im Sommer an den Wochenenden war der Turm so gut besucht, dass der Besucherstrom zeitweise mit beiden Aufzügen bewältigt werden konnte. Trotzdem kam es zu Wartezeiten, vor allem wenn das Wetter super war. Im Winter gab es aber auch Tage, wo man schon mal stundenweise allein auf dem Turm war.« Jährlich kamen 200 000 Schaulustige. Dresdner präsentierten ihren Gästen von dort oben stolz die malerische Lage und erklärten die Sehenswürdigkeiten ihrer Heimatstadt. Die sozialistische Werbung fürs Turm-Café fragte: »Wie wär's mit einem Cappuccino, äm Käffchen und Dresdner Eierschecke in 148 Metern Höhe bei einem grandiosen Blick über Dresden? Dabei das wunderschöne Elbtal genießen oder sich den Wind auf der Aussichtsplattform um die Nase wehen lassen?«

Zwanzig Jahre nach Inbetriebnahme gab die bedrängte Staatsführung der DDR im Herbst 1989 die Antennen vom Fernsehturm frei, damit konnte auch der Raum Dresden endlich die westlichen TV-Kanäle empfangen. Der neue Hauseigentümer Telekom renovierte den hohen Publikumsmagneten und vermauerte dann dessen Eingangsbereich: Seit 1991 ist das in den Himmel betonierte Sektglas für Besucher gesperrt. Widerspruch gab es sofort, doch zeichnete sich keine Lösung ab. Nach Protesten verschwanden Hinweisschilder und Piktogramme, die noch immer den Aussichtspunkt priesen und dann Touristen davor stehen ließen.

Die Buslinie 61 allerdings bedient noch immer die Endstelle Fernsehturm. Anläufe einer Wiederbelebung gab es viele, die sich immer wieder zerschlugen. »Wir wollen den Dresdner

Fernsehturm wieder als touristisches Ausflugziel für unsere Region!« 23 000 Bürger unterschrieben die Petition. Prominente gaben Unterstützung. Die Bundeskanzlerin wurde um ihren Einsatz gebeten: »Ein wohlwollendes Wort von Ihnen in Richtung Telekom und Stadtverwaltung kann aber ganz sicher Wunder bewirken.« Mittlerweile ist der Dresdner Fernsehturm überregionales Politikum. Stadtparlament und Bürgermeister sind sich der Bedeutung des Bauwerks nunmehr bewusst und wollen Mittel zur Sanierung »in den Haushalt einschmuggeln«. Die Pläne wachsen über sich hinaus: »Das Gelände könnte über eine Seilbahn erreicht werden. Die Station könnte in Tolkewitz errichtet werden: einsteigen, über die Elbe schweben und am Fernsehturm aussteigen.« Darauf einen Sekt!

Dresdner trinken Sekt im größten Sektglas der Welt – leider ein Irrtum. Einst war es ihnen möglich, doch seit Jahrzehnten ist es ihnen verwehrt. Wirklich verstehen tut's keiner.

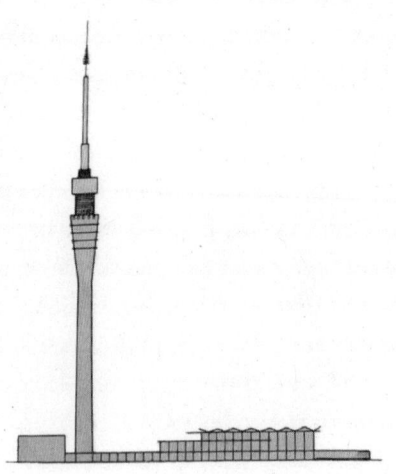

Den ersten »Tatort« drehte man in Leipzig

Irrtum! *Auch wenn …*

… der 20-Uhr-15-Film der ARD am 29. November 1970 »Taxi nach Leipzig« hieß, so weilte sein Drehteam niemals in der Messestadt. Die Ostkulisse hatte der NDR in Hamburg nachempfunden.

»Fahren Sie Wilhelm-Leuschner-Platz?«, fragte der Hauptkommissar Paul Trimmel den Schaffner der Linie 14 und entstieg der Straßenbahn im Leipziger Stadtzentrum. »Taxi nach Leipzig« war ein TV-Ereignis und die erste aller Tatort-Folgen. Bis heute flimmert der Vorspann mit dem legendären Fadenkreuz sonntäglich über die Bildschirme und erlangt Traumquoten. Autor Friedhelm Werremeier alias Jacob Wittenbourg hatte eine deutsch-deutsche Geschichte ersonnen, die Realitäten widerspiegelt. »Im Osten wird ein totes Kind neben der Autobahn gefunden. Hauptkommissar Trimmel von der Hamburger Kripo wittert Unrat und entdeckt – etwas außerhalb der Legalität – Zusammenhänge mit einem lebendigem Kind im Westen.« Die Volkspolizei der DDR hat ihre Zweifel, trägt doch der Junge Schuhe, die im Osthandel nicht zu kaufen sind. So führt die Spur zu Erich Landsberger nach Frankfurt am Main. Der Unternehmer hat ein Kind mit Eva Billsing aus Markkleeberg, einer Messebekanntschaft, die er ehelichen möchte. Doch mittlerweile liebt sie ausgerechnet einen Vopo. Eva Billsing erkennt in der Leiche Chris, ihren Sohn. Doch Trimmel traut weder ihrer Trauer noch einem anderen der Beteiligten. So täuscht er eine Panne auf der Transitstrecke vor und setzt sich ins »Taxi nach Leipzig« und schreibt mit diesem

Einstieg Fernsehfilmgeschichte. Die Kritik der Zeit war damals wenig begeistert: »Im ganzen bietet der Anfang der Serie mehr eine Variante von Bekanntem als etwas Neues. Stutzig macht auch, daß einem vorsorglich ›kriminalistische Hausmannskost‹ versprochen wird. Herzlich gern nähme man sie. Aber noch immer ist eine Hummermayonnaise leichter zu machen als ein guter Eintopf …« Diese Meinung hat man revidiert, besitzt doch die Geschichte all jene Tugenden, die den meisten »Tatorten« gegenwärtig fremd sind: realitätsnahe Story, nachvollziehbare Charaktere, stringente Dramaturgie.

Manche Details in Roman und altem Fernsehfilm sind wahrlich ordentlich recherchiert: »Sag mir, wo du stehst, sag mir, wo du stehst und welchen Weg du gehst!«, singt's im Autoradio. »Radeberger Pilsner ist den meisten Ostgaststätten fremd«, sagt einer an der Theke und säuft Plörre. Und nach Markkleeberg fuhr dazumalen tatsächlich die Linie 28. Die Überführung des Täters gelingt, weil ein Kind in Frankfurt sächsisch spricht. Sherlock Holmes hätte den Fall nicht besser lösen können! Der Akzeptanz des Dialekts hat's in Folge nicht geholfen: Der sächsische bleibt der unbeliebteste des Landes.

Mit der Wiedervereinigung im Jahre 1990 konnten nun auch in Leipzig »Tatort«-Kommissare ermitteln und heimisch werden. Die Kollegen Ehrlicher und Kain wurden im Jahr 2000 aus Dresden an die Pleiße versetzt. Dann bemühten sich die Kommissare Saalfeld und Keppler mit mäßigem Erfolg. Der Jubiläumsfilm des tausendsten »Tatorts« setzte die Hannoveranerin Lindholm und den Kieler Borowski ins »Taxi nach Leipzig«. Die geisterfahren dann auf der Autobahn in die gesellschaftlichen Probleme. »Sie labern einfach drauflos, und zwar mit einer so schlechten Deeskalationstechnik, dass ich wirklich beleidigt bin.«

Dass die Stadt Leipzig gute Kulisse für Krimis bietet, ist mehrmals bewiesen worden. Bereits 1966 blickte Alfred Hitchcock durch den *zerrissenen Vorhang* – er ließ Paul Newman an der Karl-Marx-Universität debattieren und anschließend zurück über die Berliner Mauer springen. Realitätsfern, aber ungewollt heiter. Auch 007 reiste über den Leipziger Hauptbahnhof. Besser aber noch auf einem Schienenstrang in Chemnitz. »Das gibt's doch ni!«, schreit da die Dame am Bahnsteig, denn ein Mercedes rollt auf den Gleisen an ihr vorbei. Drin Bond, James Bond, im Auftrag seiner Majestät. Unter Einsatz von Filmschnitt, Trick und Akrobatik kann der Held in aller-, aller-, allerletzter Sekunde noch einmal die Welt vor »Mischka und Grischka« aus der Sowjetunion retten. An Originalschauplätzen drehte auch bei *Octopussy* kein Mensch, doch schrieben diese Fake-Drehs Sachsen in die Kriminalfilmgeschichte ein.

Den ersten »Tatort« drehte man in Leipzig – ein Irrtum. Aber Künstler lassen gern in Sachsen ihre Geschichten spielen, auch wenn sie niemals vor Ort gewesen sind. Das ist wie bei Karl May. Die Sachsen sehen das gelassen. Hauptsache, die Geschichte ist gut.

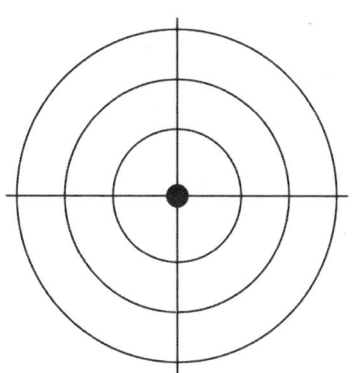

Ulbricht sprach und Leipzig sprengte die Paulinerkirche

Irrtum! *Aber ...*

... »Das Ding muss weg!«, soll Walter Ulbricht gesagt haben, und Leipzig legte seine Innenstadt in Trümmer. Nachgewiesen wurden dem Staatschef diese Worte nie, in keinem Protokoll sind sie verzeichnet, keine Quelle kann sie belegen.

Fakt: Am Donnerstag, den 30. Mai 1968, zehn Uhr wurde an der Leipziger Universität und Paulinerkirche Sprengstoff gezündet. Die Leipziger standen mehr als einen Kilometer entfernt und mussten schauen, wie die historischen Gebäude in sich zusammenfielen. Die Zeitung berichtete vom Kahlschlag anerkennend zynisch: »Obwohl solche Sprengungen im Zentrum einer Großstadt bestimmt keine einfache Sache sind, ist es zu keinen Schäden gekommen, weder an den Wohnungen noch an der benachbarten Oper – auch am gegenüberliegenden Hotel *Deutschland* gab es keine Scherben an der breiten Fensterfront. Für eine solche Maßarbeit darf ich sicher auch in Ihrem Namen, liebe Leipziger, allen an dem Vorhaben Beteiligten Dank und Anerkennung aussprechen.«

Natürlich sprach das Parteiblatt nicht im Namen aller Leipziger, und die Kulturbarbarei kann auch nicht allein dem Genossen Walter Ulbricht zugeschrieben werden. Seit Mitte der 1950er Jahre hatte die sozialistische Universitätsleitung immer wieder auf den Abriss ihrer historischen Mitte gedrängt. Selbst das Politbüro der SED favorisierte da noch den Wiederaufbau der teilzerstörten Universitätsgebäude. Der Stadtrat stimmte am 23. Mai 1968 der Sprengung der von Luther geweihten Paulinerkirche, des von Karl Friedrich Schinkel geplanten Augusteums sowie dem Abriss von Johanneum und Albertinum zu. Allein der Probsthaidaer Pfarrer Hans-Georg Rausch hob in der Sitzung seine Hand dagegen. Im Akademischen Senat verweigerte nur der Dekan der Theologischen Fakultät, Ernst-Heinz Amberg, seine Zustimmung. 250 Eingaben erreichten das Rathaus. Mehr als 500 hatten Petitionen unterzeichnet. Ihre Kritik wurde unter den »restaurativen Erscheinungen in der ČSSR«, dem Prager Frühling, subsumiert und in den Akten nicht auf die Kirchensprengung bezogen.

Die Paulinerkirchgemeinde durfte innerhalb von 24 Stunden bewegliche Güter sichern. Dann räumte die Staatsmacht: »Särge waren in die Kirche zu holen und zu stapeln, nachts waren sie aus der Sperrzone gefahren worden, 800 weiße Kindersärge. ›Holt noch mal tief Luft‹, habe einer der Aufpasser gewarnt. Dann kam die Maschine zum Einsatz, für die das Portal verbreitert worden war, ›groß wie ein kleiner Kran‹, mit Bohrern und Krallen‹. Die Bohrer fraßen die ersten Löcher durch die steinernen Platten des Kirchenbodens. Dann wurde eine Leiter in den Abgrund gelassen, in die Hohlräume, in die gewölbten Grüfte. ›Sauber gemauert, mit Ziegeln.‹ In jeder Gruft ein Regal aus steinernen Platten, drei übereinander, auf jeder Platte ein Toter, auf jedem Toten ›dieses herrliche Ding‹, eine goldene Rose.« Am 27. Mai versammelten sich »zwischen 300 und 400 Menschen auf dem Karl-Marx-Platz. Gegen diese Protestaktion geht die Polizei mit Gewalt vor. 37 Personen werden verhaftet: 23 evangelische Christen, 2 Katholiken und 12 konfessionell nicht Gebundene, der sozialen Stellung nach 15 Arbeiter, 10 Angestellte, 6 Angehörige der Intelligenz, 5 Studenten und eine Hausfrau.« Danach offizieller Jubel: »Nur acht Tage nach dem Beschluss unserer Stadtverordneten über den weiteren Aufbau unseres Stadtzentrums erfolgten gestern, auf die Minute genau zur festgesetzten Zeit, die ersten Sprengungen an der Westseite des Karl-Marx-Platzes.« Und so findet der Redakteur der *Leipziger Volkszeitung*, »daß solch ein Tempo bei der Schaffung von Baufreiheit für das richtige und von uns allen gewünschte Aufbautempo eine gute Ausgangsbasis ist. Und auch die Maßarbeit, mit der die Männer vom Sprengkommando gestern ihre Aufgabe erfüllten, wird für die Bauarbeiter bei der Errichtung der neuen Wahrzeichen unserer 800-jährigen der richtige Ansporn sein.« Leipzigs neues Wahrzeichen, der Uniriese, wurde 1973 übergeben, 1978 war der Campus fertig. Die bürgerbewegten Monate 1989 machten Stimmverweigerer Hans-Georg Rausch zu »Leipzigs letztem Helden«. Ruhm und Ehre für ihn dauerten nicht allzu lange. Bei Öffnung der Stasi-Akten wurde der Pfarrer als Informeller Mitarbeiter des MfS enttarnt. Hatte man ihm staatlicherseits die Gegenstimme gestattet, um sein Inkognito bombenfest zu machen?

Ulbricht ließ die Paulinerkirche sprengen – ein Irrtum! Vielmehr scheint die Schuldzuschreibung von städtischer Verantwortung abzulenken. Die Ulbricht in den Mund gelegten Sätze halten dem Faktencheck nicht stand.

Sachsen schaffte 1990 die Todesstrafe ab

Irrtum! *Denn …*

… offiziell hat Erich Honecker am 17. Juli 1987 die Streichung der Todesstrafe aus dem Gesetzbuch der DDR verkündet. Am 26. Juni 1981 fand die letzte Hinrichtung der DDR in der Leipziger Haftanstalt Alfred-Kästner-Straße durch Genickschuss statt. Am Eingang Arndtstraße 48 erinnert eine Plakette.

Seit 1960 wurden sämtliche Todesurteile der DDR inmitten des Wohngebiets der Leipziger Südvorstadt vollstreckt. Wahrscheinlich aus Zufall. »Im Leipziger Gefängnis stand ab Mitte der fünfziger Jahre die Hausmeisterwohnung leer. Einen Stock unter den Gefängniszellen befand sich die Wohnung, die mit einfachen Umbaumaßnahmen wie dem Zumauern eines Fensters zum Todestrakt wurde. Im früheren Wohnzimmer des Hausmeisters befand sich das Büro des Henkers, ausgestattet mit Telefon und Schreibmaschine. Vom Flur ab ging die vergitterte Wartezelle der Delinquenten. In einem kleinen Raum daneben stand schon ein Kiefernsarg bereit – die Tür wurde aber geschlossen gehalten, damit die Todeskandidaten nicht in Panik gerieten.« Im 2,32 Meter hohen Kinderzimmer wurde mit der 500 Kilogramm schweren Fallschwertmaschine dann geköpft. 34-mal soll das Beil im Raum gefallen sein. Bis 1967 wurden alle Todesurteile mit dieser »Fallschwertmaschine« vollstreckt. Letztmalig fiel ihr Beil am 6. September 1967 und richtete zwei Sexualstraftäter hin. Nach einer Änderung des Strafgesetzbuches tötete der sozialistische Staat ab 1968 mit einem unerwarteten Nahschuss ins Hinterhaupt.

Der Henker stand unbemerkbar neben der Türe. »Anwesend waren bei der Hinrichtung der Leiter der Strafvollzugseinrichtung, der zuständige Staatsanwalt, der Leiter des Haftkrankenhauses als Arzt, der Scharfrichter, zwei Gehilfen sowie in der Regel ein Offizier des MfS. Nach der Hinrichtung vernagelten die beiden Scharfrichtergehilfen den Sarg und brachten diesen ins Krematorium auf dem Leipziger Südfriedhof. Er wurde nicht noch einmal geöffnet, sondern umgehend in Anwesenheit der Gehilfen verbrannt.« Auf dem Totenschein notierte der Gefängnisarzt meist: akute Herz- und Kreislaufschwäche. Als »Anatomieleiche« oder »Abfall« wurden im Totenbuch des Krematoriums auf dem Leipziger Südfriedhof die Menschen bezeichnet, die in der Hinrichtungsstätte ihr Leben verloren hatten. Sie wurden eingeäschert und anonym bestattet.

Der letzte, der in der DDR hingerichtet wurde, hieß 1981 Werner Teske. Man hatte in der Privatwohnung des Stasi-Offiziers geheime Unterlagen aufgefunden, und unter Druck gestand der Beschuldigte, über eine Flucht in den Westen nachgedacht zu haben. Die »Affäre Stiller« hing der DDR-Führung und der Mielke-Truppe noch nach. Sie handelten in ihrem Verständnis konsequent. »In einem auch innerhalb des MfS geheim gehaltenen Prozess vor einem Berliner Militärgericht wurde Teske – selbst nach DDR-Recht rechtswidrig – wegen vollendeter Spionage in einem besonders schweren Fall in Tateinheit mit Fahnen- und Republikflucht angeklagt und, obwohl die ihm zur Last gelegten Taten eindeutig nicht vollendet waren und das DDR-Strafrecht die Todesstrafe nur für vollendete Delikte vorsah, am 12. Juni 1981 zur Höchststrafe verurteilt.« Die um Gnade bittenden Worte des Verurteilten verhinderten die Vollstreckung nicht: »Ich bitte den hohen Senat bei seiner Urteilsverkündung, mir noch einmal die Chance einzuräumen, mir noch einmal die Möglichkeit zu geben, ein Leben mir einzurichten, indem ich voll den gesellschaftlichen und gesetzlichen Normen der DDR entspreche.« In der Kaderakte galt der 39-jährige Werner Teske von nun an als »diszipliniert unter Aberkennung Dienstgrad und Auszeichnungen – Geheimnisverrat« und verstorben.

Am 17. Juli 1987 »beschließt der DDR-Staatsrat unter Erich Honecker völlig unerwartet die Abschaffung der Todesstrafe. Dafür zuständig gewesen wäre eigentlich die Volkskammer. Die ›Aktuelle Kamera‹ vermeldet: ›Mit der Abschaffung der Todesstrafe bekundet unser Land vor aller Welt wieder einmal seine Position zur Wahrung der Menschenrechte in ihrer Gesamtheit, ein humanistischer, kulturvoller, historischer und weltpolitischer Schritt.‹ Viele DDR-Bürger erfuhren überhaupt erst durch diese Nachricht verwundert von der blutigen Praxis in ihrem Staat.« Staatschef Honecker kalkulierte kühl, im September wollte er von Bundeskanzler Helmut Kohl als Staatsgast in Bonn empfangen werden und hoffte auf finanziellen und politischen Kredit. Diese Hoffnungen werden enttäuscht.

Sachsen schaffte erst nach der Wende die Todesstrafe ab – ein Irrtum! Jedoch strich der Freistaat Bayern den Passus erst 1998 aus seiner Verfassung. Hessische Richter könnten sie nach Artikel 21 noch verhängen. In Leipzig wurden von 1960 bis 1981 64 Menschen hingerichtet.

Häufigstes Wort in Sachsen: Dom

Irrtum! *Denn ...*

... die meistgebrauchten Worte sind auch in Sachsen wie im Deutschen allgemein die Artikel der, die, das, Präpositionen und die Hilfsverben sein, haben und werden.

Aber »wer nach Sachsen reist, stellt sehr schnell fest: Der Sachse ist warmherzig, ausgesprochen freundlich, höflich, hilfsbereit, lustig, verschmitzt, sehr kommunikativ. Mit einem Sachsen ins Gespräch zu kommen, ist nicht schwer – ihn zu verstehen umso mehr. Dabei bezieht sich das Verstehen nicht auf das, was er sagt, sondern wie er es sagt. Beeinflusst durch Medien und schlechte Imitatoren, glauben viele Menschen, ein bissel Sächseln kann doch jeder. Doch werden sie relativ schnell feststellen, dass für echtes Sächsisch hohe Vokabel-Kenntnis und vor allem die richtige Aussprache unabdingbar sind.« Und andere Schwierigkeiten kommen noch hinzu: Im Sächsischen existieren nämlich Lautverbindungen und Ausspracheregeln, die nur der Kontext verständlich macht. Wie zum Beispiel beim Wort Dom, dessen Bedeutung schriftlich schnell erkennbar ist, aber akustisch wird es für den Nicht-Sachsen schwierig.

Ein Dom ist in Sachsen wie deutschlandweit laut Duden ein Gotteshaus, das sich durch »Größe, architektonische und künstlerische Besonderheiten oder außergewöhnliche historische Bedeutung« auszeichnet. Überregional bekannt sind die sächsischen Dome zu Freiberg und Meißen. Die Kathedrale in Dresden ist Bischofssitz und wird ebenfalls als Dom bezeichnet. Der Dom St. Petri zu Bautzen ist der älteste Kirchenstandort der Oberlausitz und wird seit 1524 de facto als Simultankirche genutzt, beherbergt sowohl eine katholische wie auch eine evangelische Gemeinde. Die Kirchen St. Peter und Paul in Görlitz, St. Wolfgang in Schneeberg oder St. Annen in Annaberg-Buchholz tragen aufgrund ihrer Bedeutung und Größe den Beinamen Dom.

In Sachsen kann jeder den Dom halten, drücken oder rühren, sich selbigen brechen oder lecken. Jeder Mensch besitzt hier seinen eigenen Dom, sogar zwei. »Nimm den Dom aus dem Mund!«, sagt Mutti zu dem Daumenlutscher. Das Wort ist für den fünften Finger gebräuchlich sowohl im Singular als auch im Plural wie auch als Adjektiv: domdick, dombreet, Domschraube, Domnachel, Domabdruck für die Polizei.

Auch als Verb findet dom sächsische Verwendung: »Die Kinder dom wieder ma rum!« Hochdeutsch würde man toben dazu sagen. Wobei es ausschließlich in der Nennform sowie mit den Personalpronomen wir und sie hinhaut, denn nur die Endung -ben lässt sich im Sächsischen zu -m verschleifen: Kinder lom, ä Grab gram, Spaß ham. »Lasse doch dom, wennse leese sin.«

In Sachsen können Dom aufm Dom sitzen. Es ist der sächsischen Aussprache einfach angenehmer, Zwielaute wie ei und au zu einem langen Vokal zu verkürzen. Ei lässt sich als ee dann hören: »Weeßte noch, Hermann heester, geh wieder heeme.« Au wird oft als oo gesprochen, wie bereits beim Daumen angeführt: das gloobch oo, du doobe Nuss, der Booarbeeder quetschte sich den Dom. Damit werden auch die Tauben im Sächsischen zu Dom: »Gugg wie da di Dom fliechn iebers Himmelszelt.« Demzufolge existieren Briefdom, die Domzecken, Domhäuser, die Domplaache, der Domschlaach, der Domzichter und die Domzichterin. Natürlich wird auch die Behinderung des Taubseins eingeschlossen: »Die Dom sin die, die nischt hörn dun.«

Und weil wir bei den Vögeln waren: Der zitierte Satz könnte erweitert werden: Dom oofn Dom sitzn Dom. Der hochsprachlich lautete: Da oben auf dem Dom sitzen Tauben. Die dom inner Regierung wissen von nischte nischt. Dom offn Berche ist gut Blick, nunder sollt mer aber wieder gomm.

Bei Sachsen, die des Russischen noch mächtig, hieße es: *moi dom, maja krepost – my home is my castle*. Also Dom ist Russ. Haus, Lat. Domus, womit wir wieder beim eingangs zitierten Dom angelangt wären. Aber Dom heißen auch Volksgruppen in Indien und im Nahen Osten. Als Terminus technicus gibt es Dom in Karosserie- und Dampfkesselbau. Als Anredeform ist Dom im Portugiesischen üblich. Auch Dom für einen durch Lava entstandenen Hügel und als Markenname wären noch sagbar. Letzterer Gebrauch ist vergleichsweise selten. Darauf einen Dom Pérignon!

Häufigstes Wort in Sachsen ist der, die, das Dom – Irrtum! Aber Dom ist eines der wandlungsfähigsten Wörter sächsischer Sprache: Dom hoch!

Weltgrößter Denkmalskopf: der Chemnitzer Nischel

Irrtum! *Denn* …

… der bronzene Leninkopf von Georgi Neroda in Ulan-Ude, Hauptstadt der russischen Teilrepublik Burjatien im östlichen Sibirien, misst sechzig Zentimeter in der Höhe mehr und wiegt zwei Tonnen schwerer.

Am 10. Mai 1953 wurde aus der Arbeiterstadt Chemnitz die sozialistische Metropole Karl-Marx-Stadt. »Die Menschen, die hier wohnen, schauen nicht rückwärts, sondern sie schauen vorwärts auf eine neue und bessere Zukunft. Sie schauen auf den Sozialismus. Sie schauen mit Liebe und Verehrung auf den Begründer der sozialistischen Lehre, auf den größten Sohn des deutschen Volkes, auf Karl Marx. Ich erfülle darum hiermit den Beschluss der Regierung. Ich vollziehe den feierlichen Akt der Umbenennung«, sprach Ministerpräsident Otto Grotewohl. Und damit auch jeder sah, wessen Namen die Stadt trug, schenkte ihr die Partei- und Staatsspitze ein Denkmal. Der stilisierte Kopf von Karl Marx misst in der Höhe 7,10 Meter und wiegt 40 Tonnen. Er »ist Chemnitz' Wahrzeichen. Und das ist gut so. Denn die einstige Industriestadt wirkt noch heute wie das Modell einer sozialistischen Stadt. Das historische Zentrum wurde durch die Bombardierung 1945 fast vollständig zerstört. Auf den Trümmern entstand eine neue Stadt mit großzügigem, zugigem Straßennetz, mit Plattenbauten und aufgelassenen Industrieanlagen. Heute ist Philosoph Karl Marx Werbeträger der postsozialistischen Stadt.«

Die Enthüllung des Denkmals 1971 war Ereignis. Die Montage musste verdammt schnell gehen. Sowjetische Monteure und Arbeiter aus dem Bezirk fügten unter gewaltigem Druck die in Leningrad gegossenen bronzenen Einzelteile zusammen. »Jetzt waren, rund um die Uhr, die Schicht zu zwölf Stunden, 350 Meter Schweißnaht zu schaffen«, zitiert man den Arbeiter Heinz Oertel. »Wir hatten verflucht harte Termine. Es regnete oft, Schweißen und Regen, das ist wie Feuer und Wasser«, fügte der gelernte Kupferschmied hinzu. »Ich kann mich nicht erinnern, daß einer von uns jemals auf die Uhr gesehen hätte.« Oertel und seine Kollegen schafften den Termin. Am 9. Oktober kam es um 14 Uhr zur »Großkundgebung zur Enthüllung des Karl-Marx-Monumentes«. Gut 250 000 Teilnehmer vermeldete die Einheitspresse und wusste auch von einem sich anschließenden »eindrucksvollen Fest der sozialistischen Lebensfreude im Stadtzentrum« zu berichten. An der »Parteisäge«, dem ehemaligen Gebäude vom »Rat des Bezirkes« hinter Marx, prangt in vier Sprachen die Losung aus dem *Manifest der Kommunistischen Partei*: »Proletarier aller Länder vereinigt euch!«

Bildhauer Lew Kerbel schuf auch das gigantische sowjetische Ehrenmal in Berlin-Tiergarten sowie Thälmanns Faust in Berlin-Prenzlauer Berg. Die größte Schädelbüste der Welt ist der Kopf in Chemnitz nie gewesen. Erst zum 40. Jahrestag wurde es der Stadt auch kenntlich: Der Leninkopf in Ulan-Ude übertrifft alle ihre Superlative. Pech, dabei wurde der Nischel in Ulan-Ude auch schon 1971 aufgestellt. Aber den Chemnitzer Nischel kennen viel mehr: Er zierte die blaue 35-Pfennig-Briefmarke der Serie »Bauwerke der DDR«. Genau das Porto, das der Osten für Briefe in den Westen zahlte.

Nach der Rückbenennung in Chemnitz wurde ein Verkauf des Monumentes ernsthaft diskutiert. Weltweit meldeten sich Interessenten. Heute ist der einst umstrittene Kopf zweifellos das Wahrzeichen der Stadt und bestimmt deren Werbestrategie: »Chemnitz, Stadt mit Köpfchen«. En miniature verkauft er sich als Fläschchen, Schlüsselanhänger, USB-Stick, Rauchverzehrer, Räuchermännchen oder Quietschepüppchen. Die Musikgruppen Seeed und Kraftklub nutzten seine eindrucksvolle Kulisse für den Auftritt.

Der Mythos über das Todesopfer, das der Nischel bei seiner Errichtung mutmaßlich forderte, ist dem Schriftsteller Jakob Hein zu verdanken. Bei der Installation des Kunstwerks sei es nämlich ob der Hektik zu einem tragischen Unfall gekommen. »Durch Unachtsamkeit öffnete der Transportarbeiter Hubert Krause beim Heben des Kopfes ein Sicherungsseil, die Bronzeskulptur löste sich aus ihrer Aufhängung, geriet durch den herrschenden Ostwind in Schwingung, brachte Krause zu Fall und zerquetschte ihn schließlich tödlich. Der Vorfall wurde hektisch vertuscht und mit absoluter Geheimhaltung belegt, da man nicht wollte, dass Krause als erstes aktenkundiges Todesopfer von Karl Marx durch die Westmedien gezogen wird.« Unglaublich, der Ostwind!

Weltgrößter Denkmalskopf: der Chemnitzer Nischel – ein Irrtum! Aber als Werbegag gut möglich.

Die Moritzburg ist Sachsens Weihnachtsmärchen

Irrtum! *Denn* …

… die Moritzburg, sie steht in Halle an der Saale. In Sachsen trägt eine Gemeinde diesen Namen. Ihr Wahrzeichen ist gleichnamiges Schloss. Allweihnachtlich schlagen nur Kinderherzen höher, wenn es als Märchenschloss auf Bildschirm und Leinwand erscheint: »Die Wangen sind mit Asche beschmutzt, aber der Schornsteinfeger ist es nicht. Ein Hühnchen mit Federn, die Armbrust über der Schulter, aber ein Jäger ist es nicht. Ein silbergewirktes Kleid mit Schleppe zum Ball, aber eine Prinzessin ist es nicht. Mein holder Herr, wer ist es?«

Vor Dresdens Toren lag einst das Dörfchen Eisenberg. Kurfürst Moritz (1521–1553) ließ nahe der Gemeinde sein Jagdhaus errichten und nannte es Dianenburg. Charakteristisch der Bau: Vier dicke Rundtürme, die mit Wehrmauern verbunden waren. In den umliegenden Wäldern ritten die sächsischen Herrscher fortan zur Jagd, denn Wildbret war reichlich. So zierten alsbald Trophäen die Wände des Hauses. Im Monströsensaal hängen 39 sensationelle Geweihe, darunter auch der berühmte 66-Ender, der 1696 erlegt wurde. Auf Befehl Augusts des Starken (1670–1733) machte Matthäus Daniel Pöppelmann (1662–1736) das Jagdhaus zum Lustschloss. Ein angelegter See umschließt es romantisch. Als die Pracht 1733 vollendet, war der König verstorben. Seine Nachfahren gestalteten die Landschaft mit Wäldern und Teichen und Mauern, auf dass das Getier nicht entweiche. Zum besseren Verständnis benannte man den Ort Eisenberg nach seinem berühmten

Schloss um: Moritzburg. Prinz Ernst Heinrich von Sachsen (1896–1971) war es bis 1945 letzte sächsische Residenz. Er vergrub in jenem Jahr am 10. Februar in seinen Wäldern den »Schatz der Wettiner«. Unter Qualen verriet der Förster das Versteck der sowjetischen Besatzungsmacht. Teile davon wurden jedoch erst 1996 gefunden.

Endgültig zum Märchenschloss wurde Moritzburg 1972/73, als Aschenbrödel in ihm ihren Prinzen fand. Unzählige Male haben Großmütter von dem armen Mädchen erzählt, das sein Glück findet, allem Bösen zum Trotz. »Einem reichen Manne, dem wurde seine Frau krank, und als sie fühlte, dass ihr Ende herankam, rief sie ihr einziges Töchterlein zu sich ans Bett und sprach: ›Liebes Kind, bleib fromm und gut, so wird dir der liebe Gott immer beistehen, und ich will vom Himmel auf dich herabblicken und will um dich sein.‹ Darauf tat sie die Augen zu und verschied. Das Mädchen ging jeden Tag hinaus zu dem Grabe der Mutter und weinte und blieb fromm und gut. Als der Winter kam, deckte der Schnee ein weißes Tüchlein auf das Grab, und als die Sonne im Frühjahr es wieder herabgezogen hatte, nahm sich der Mann eine andere Frau. Die Frau hatte zwei Töchter mit ins Haus gebracht, die schön und weiß von Angesicht waren, aber garstig und schwarz von Herzen. Da ging eine schlimme Zeit für das arme Stiefkind an.«

Eine der schönsten Neuerzählungen dieses Märchens schuf die tschechische Nationalautorin Božena Němcová (1820–1862): *Drei Haselnüsse für Aschenbrödel* variiert den Stoff auf poetische Weise. Auch die Deutschen begreifen das Märchen als ihres. Denn unter der Regie von Václav Vorlíček wurde es 1972/73 als deutsch-tschechoslowakiche Koproduktion verfilmt. Unzählige Male wird der Film zu Weihnachten im Fernsehprogramm wiederholt. Kult! Er gehört mittlerweile zum Fest wie Weihnachtsmann und Tannenbaum. Die Darsteller Libuše Šafránková und Pavel Trávníček wurden zu Stars.

Weitere Schauspiellegenden waren zu sehen: Carola Braunbock, Rolf Hoppe, Vladimír Menšík und *Kleinröschen* Helena Růžičková.

Doch lässt sich die Poesie des Märchens nur vor passender Kulisse vermitteln. Die Wahl der Szenenbildner fiel auf das Schloss Moritzburg. Dort wird heute in einer Ausstellung daran erinnert. Ein Musical inszenierte man nach dem Drehbuch. Die Filmmusik wurde Schlager: »Küss mich! Halt mich! Lieb mich!« Die Schriftstellerin Božena Němcová starb verarmt. Ihrem Sarg folgte niemand.

Die Moritzburg ist Sachsens Weihnachtsmärchen – ein Irrtum. Aber Schloss Moritzburg ist Sachsen zum Weihnachtsmärchen geworden. Und das nicht nur den Sachsen. »Rucke di guh, rucke di guh, kein Blut im Schuh: Der Schuh ist nicht zu klein, die rechte Braut, die führt er jetzt heim.«

Retter des Bayerischen Bahnhofs: W. I. Lenin

Irrtum! *Natürlich …*

… hat Genosse W. I. Lenin nicht Leipzigs Bayerischen Bahnhof mit eigener Person und Worten gerettet, aber dass er als technisches Denkmal noch steht, ist auch Lenins Namen zu verdanken.

1841 unterzeichneten die Regierungen Sachsens, Sachsen-Altenburgs und Bayerns einen Staatsvertrag, auf dessen Grundlage die Sächsisch-Bayerische Eisenbahn-Compagnie gegründet wurde. Im Südosten vor den damaligen Stadtgrenzen wurde nach Plänen von Eduard Pötzsch Leipzigs Bayerischer Bahnhof errichtet. Schon am 19. September 1842 fuhr von da ein erster Zug gen Altenburg. So ist das Gebäude der älteste aus Stein gebaute und in der Anlage erhaltene Bahnhof in Deutschland. »Wir erblicken zur Rechten der fünf aus der Halle auslaufenden Gleise die Maschinengebäude, und zwar a) das Gebäude zum Heizen und Reinigen der Locomotiven, b) das eigentliche Maschinengebäude für die Hülfsmaschinen, c) das Gebäude zur Reparatur der Locomotiven, d) die Wagenreparaturanstalt, e) das Schmiedegebäude, f) das Gebäude der Aufbewahrung von Coaks und sonstigen Baumaterialien. Von besonderer Wichtigkeit ist die zweckmäßige Zusammenstellung dieser Gebäude. Neben dem Bahnhofsportikus, durch den die Locomotiven zum Rangieren fahren, präsentiert sich zur Linken g) die Güterhalle, zur Rechten h) die Wagenhalle. Während man sich auf anderen Bahnhöfen allein der Personenhalle zur Unterbringung der Personenwagen zur Sicherung gegen Wind und Wetter bedient, hat man es auf diesem, und mit Recht, vorgezogen, eine besondere Wagenhalle zu errichten, und letztlich für den Personenverkehr i) die Personenhalle.«

Der Bayerische Bahnhof war bis zur Inbetriebnahme des Leipziger Hauptbahnhofes der meistfrequentierte Eisenbahnknotenpunkt Deutschlands. Mehr als eine Million Passagiere stiegen hier jährlich ein und aus den Zügen. Um den Bahnhof und die Bayerische Straße (heute Arthur-Hoffmann-Straße) wuchs ein neues Stadtviertel aus dem Boden. Die Leipziger Südvorstadt expandierte zu allen Seiten und schnell. Bald wohnten mehr als 40 000 Menschen in den umliegenden Häusern. Die Kirchen hielten Gottesdienste in Schichten. Oft hausten mehr als zehn Personen in drei Zimmern. Dazu kamen Schlaf- und Kostgänger, die die Betten in unbelegten Stunden nutzten. Die Verhältnisse waren beengt und belasteten.

Das Viertel um Bayerischen Platz und Straße gehört architektonisch wie gesellschaftlich zu den abwechslungsreichen in der Dreiviertelmillionen-Stadt. Der Größenwahn des Faschismus plante den Abriss des ältesten gemauerten Bahnhofs deutscher Lande zugunsten einer Aufmarschmeile für Menschenmassen. Der Ausbruch des Krieges verhinderte die Umsetzung dieses Planes. »Bei einem Angriff alliierter Bomber auf Leipzig erlitt auch der Bayerische Bahnhof schwere Treffer. Die überdachte Personenhalle, die Bahnhofshalle und das Verwaltungsgebäude wurden weitestgehend zerstört. Trotzdem ging der Bahnbetrieb weiter. Nach 1945 fehlten die Mittel, um das Gebäude gründlich zu sanieren. Die Substanz verfiel, doch immer wieder konnte man sich erfolgreich gegen zahlreiche Abrisspläne wehren. 1975 wurde der Bahnhof letzten Endes unter Denkmalschutz gestellt.«

Denkmalsschützer argumentierten dafür geschickt mit den Fakten: Am 22. September 1874 stieg Karl Marx mit Tochter Eleanor auf diesem Bahnhof aus dem Zug und zwei Tage später wieder ein. Marx hatte in Leipzig seinen Freund Wilhelm Liebknecht besucht und dessen Söhne Theodor und Karl. Der Gast nahm Quartier im Hotel *Hochstein* gegenüber. Heute wirbt das *Hotel Am Bayrischen Platz* mit dem Slogan: »Übernachten wie Karl Marx!«

Auch Genosse Wladimir Iljitsch Lenin war auf dem Bayerischen Bahnhof in Leipzig angekommen. Der russische Arbeiterführer, der die linke *Leipziger Volkszeitung* sehr schätzte und darin einige Beiträge veröffentlicht hatte, ließ 1900/01 in Leipzig die erste Nummer der Arbeiterzeitung *Iskra* drucken. Auf die Buchstadt Leipzig war seine Wahl gefallen, weil hier kyrillische Lettern vorhanden waren. In der kleinen Druckerei von Hermann Rau in Probstheida ist die *Iskra* – »der Funken, aus dem die Flamme schlagen wird«, gedruckt worden. Auch später noch hat Lenin diese Stadt via Bayerischen Bahnhof besucht.

Diese beiden Fahrgastnamen haben die Denkmalschützer, Staats- und Parteiapparat überzeugt, und so wurde Leipzigs Bayerischer Bahnhof »ein Denkmal der Arbeiterbewegung«. Es blieb stehen, steht und wird stehen.

Retter des Bayerischen Bahnhofs: W. I. Lenin – kein Irrtum, wenn man im übertragenen Sinne argumentiert.

Maffays Hit: »Über sieben Brücken musst du gehn«

Irrtum! *Denn …*

… Peter Maffay sang den Song der Ostberliner Band Karat nur nach. Hitparaden hat der Titel dies- wie jenseits der deutschen Grenze monatelang angeführt. Allein 800 000-mal wurde die gleichnamige LP aus dem Jahre 1979 verkauft. Kaum bekannt bis heute: Den Anlass für Verse und Song gab eine sächsische Liebesgeschichte.

»Über sieben Brücken musst du gehn, sieben dunkle Jahre überstehn …« Ein Lied für die Ewigkeit, es entstand für den Film mit gleichem Titel. Der Leipziger Autor Helmut Richter hatte die literarische Vorlage 1975 verfasst und den Nerv der Zeit getroffen: Er versöhnte Deutschland mit Polen. Die junge Heldin Gitta Rebus ist weder vorbildlich noch Genossin und liebt, wen sie will. Jerzy Roman kommt als polnischer Arbeiter ins Land und hilft beim Aufbau des Sozialismus. Sie sehen und sie lieben sich. Sie »stand vor dem Mittelspiegel des Foyers und bürstete sich die Haare, als Jerzy eintrat. Vor ihr, auf der roten Polsterbank unter dem Spiegel. Draußen war es bereits Nacht, und da die Lampe über dem Eingang von Randalierern zerschlagen worden war, sah es so aus, als sei die offene Tür mit dunklem Samt verhängt. Vor diesem dunklen Hintergrund stand plötzlich ein blonder Bursche und schien zu zögern, ob er eintreten sollte. Einen Augenblick war alles ganz unwirklich.« Leidenschaft, die alles vergessen lässt. Doch hatte die Vätergeneration Gräben hinterlassen, die unüberwindlich schienen. Die Novelle wurde dies- und jenseits der Oder-Neiße-Friedensgrenze diskutiert. Das DDR-Fernsehen verfilmte ohne Stars. Kulisse gibt die Baustelle des Braunkohlekraftwerks Hagenwerder mit seinem 250 Meter hohen Schornstein und dem gigantischen Maschinenhaus. Sinnbild sozialistischen Aufbaus. 1958 ging in Hagenwerder Block I ans Netz, Block III folgte 1974. Letztlich produzierte das Kraftwerk *Völkerfreundschaft* 1500 Megawatt. Gewonnen wurde die Energie mit der Kohle des Berzdorfer Beckens, aus dem man bereits seit 1835 den Brennstoff holte.

Die Komposition der Filmmusik übertrug man den Musikern von Karat. Eine Berliner Band, die sich 1975 gegründet hatte, doch nach ihrem Stil noch suchte. Helmut Richter fügte seiner Novelle den passenden Songtext zur Liebesfilmgeschichte hinzu: »Manchmal greift man nach der ganzen Welt, manchmal meint man, dass der Glücksstern fällt.« Karat-Keyborder Ulrich »Ed« Swillms: »Ich habe zwei Wochen auf diesen Text gestarrt, bevor er sich auf einmal vertonen ließ. Aber dann! Aufgenommen werden musste das Stück nämlich morgens zwischen acht und zehn in einem mickrigen Übertragungswagen, der sich großspurig Europa-Studio Grünau nannte. Können Sie sich vorstellen, was dabei rauskommt – morgens um acht?« Ein Hit, den Herbert Dreilich unverwechselbar interpretierte. Der Stil der Gruppe war damit gefunden und beruhte »vor allem auf einer Mischung von Rockmusik mit klassischen Elementen und ist am ehesten dem Prog-Rock zuzuordnen«. Noch am Abend der ersten Ausstrahlung des Fernsehfilms, am 30. April 1978, fragten begeisterte Zuschauer, wo man den Titelsong nachhören könne. Fortan spielte ihn das Radio. Karat stellte sich damit der Konkurrenz des Internationalen Schlagerfestivals in Dresden und gewann. In der Jahresendabrechnung der DDR-Hitparade belegte das Lied Platz zwei, hinter dem Karat-Song »König der Welt«. Es brachte der Band auch internationale Anerkennung. Die Platte wurde in Lizenz in der BRD veröffentlicht und insgesamt 800 000-mal verkauft. 1980 wurde das Lied von Peter Maffay gecovert, vielen gilt er bis heute als der Schöpfer. Immer wieder wird es neu interpretiert: Vicky Leandros (1982), Dieter Thomas Kuhn (1997), Max Raabe (2000), Xavier Naidoo (2001), Drafi Deutscher (2002), José Carreras (2002), Puhdys (2003), Scooter (2005), Adoro (2008), Helene Fischer (2010), Andras de Laszlo (2012), Matthias Reim (2013). In dreißig Sprachen wurde es übersetzt. Ein Ende ist nicht abzusehen.

Die Liebe zwischen Gitta und Jerzy scheiterte. Und doch blieb Zukunft. »Als sie das Kind zum ersten Male im Arm hatte, glaubte sie, in dem verhutzelten Säuglingsgesicht Ähnlichkeit mit Jerzys Gesicht zu entdecken. Sie wußte, daß es Unfug war, dies zu glauben. In diesem Gesichtchen steckten noch viele andere Gesichter.«

Das Flöz bei Hagenwerder war endlich. 1997 stellte man die Kohleförderung ein, das Kraftwerk erzeugte fortan keinen Strom. 2015 sprengte man seinen letzten baulichen Rest. Das Wasser der Pließnitz flutete das Restloch zum Berzdorfer See. »Über sieben Brücken musst du gehn, sieben dunkle Jahre überstehn, siebenmal wirst du die Asche sein, aber einmal auch der helle Schein.«

Peter Maffay ist der Schöpfer der Ballade »Über sieben Brücken musst du gehn« – ein Irrtum, er hat sie nur nachgesungen. Es war die Ostband Karat, die diesen Hit kreierte. Der Erfolg des Liedes ist nicht mehr messbar, so oft wurde er gespielt, gecovert und verkauft.

Deutschlands erster Astronaut – ein Bürger Sachsens

Irrtum! *Denn …*

… hierzulande hießen die Weltraumflieger Kosmonauten. Der erste Deutsche im All aber war ein Bürger aus Sachsen, Vogtland, Morgenröthe-Rautenkranz: Sigmund Jähn, ein Offizier der NVA.

»Kosmonaut, Kosmonaut, wie geht's dir da oben? – Ich fühl' mich gesund, und der Flug verläuft glatt, grad' so, wie man es vorausgesagt hat.« Spätestens seit Juri Gagarin war Kosmonaut der Traumjob eines jeden Kindes. Die DDR war stolz, am Weltraumforschungsprogramm mitzuwirken. »Am Sonnabend, den 26. August 1978, 15.51 MEZ, wurde in der Sowjetunion das Raumschiff Sojus 31 gestartet. Neben Kommandant Waleri Bykowski in der Kapsel sitzt der Forschungskosmonaut, der Bürger der Deutschen Demokratischen Republik, Oberstleutnant Sigmund Jähn.« Eine Sensation. Denn im innerdeutschen Wettstreit hatte die DDR damit den Allzeit-Sieg davongetragen. Diesen schlachtete man genüsslich aus. Am Sonntag verkauften Zeitungskioske Sonderausgaben. »Begeisterung in der ganzen Republik über unseren Himmelsstürmer!« Und um des politischen Vorteils willen wurde sogar der Sprachgebrauch geändert. Einen »Deutschen« hatte es zuvor offiziell in der DDR nicht gegeben. Nun betitelte selbst das SED-Zentralorgan *Neues Deutschland* sein achtseitiges Extrablatt über den historischen Triumph: »Der erste Deutsche im All – ein Bürger der DDR«. Die Provokation wurde angenommen – auch im Westen wird der Kosmonaut zur Schlagzeile. Die *Bild* bezeichnete Jähn als schnöden »Mitesser in einer Russenrakete«.

»Doch ist der studierte Physiker Jähn weit mehr als nur ideologischer Beipack. Zu seinen Aufgaben an Bord der Raumstation Saljut 6 gehören meteorologische Beobachtungen, die Erprobung technischer Prozesse in der Schwerelosigkeit und gesundheitliche Checks. Außerdem testen Bykowski und Jähn eine neue Multispektralkamera von Carl Zeiss Jena zur Erdfernerkundung.« Die *Bild* spottete: »made in Kötzschenbroda«. Aber an der technischen Errungenschaft zeigten auch Frankreich und Großbritannien großes Interesse.

Weltraumheld Sigmund Jähn wurde am 13. Februar 1937 in Morgenröthe-Rautenkranz geboren. Knapp 1400 Einwohner zählte damals die Gemeinde Sachsens, gegenwärtig hat sich die Zahl halbiert. Sie ist noch immer der kälteste Flecken in Deutschland. 1955 trat Sigmund Jähn seinen Wehrdienst an und blieb bei der Truppe, wurde Offizier. 1976 delegierte man ihn zum Interkosmos-Programm der sozialistischen Länder nach Swjosdny Gorodok, ins Sternenstädtchen, bei Moskau. Zusammen mit Waleri Bykowski startete Jähn am 26. August 1978 zur Raumstation Saljut 6. In 7 Tagen, 20 Stunden, 49 Minuten und 4 Sekunden umkreiste er 125-mal die Erde. In dieser Zeit führte er zahlreiche Experimente durch. Im Gedächtnis nicht nur aller DDR-Kinder blieb die Weltraumhochzeit unseres Sandmännchens mit Mascha, einer sowjetischen Fernsehpuppe. Im Film *Good bye, Lenin* erleben beide ihre Auferstehung. Bereits 1979 wurde in Morgenröthe-Rautenkranz eine »Ständige Ausstellung des ersten gemeinsamen Kosmosfluges UdSSR–DDR« eröffnet.

»Fünf Jahre nach Sigmund Jähn startet der nächste Deutsche ins All. Diesmal nicht vom russischen Baikonur, sondern mit der US-Raumfähre Columbia von Cape Canaveral in Florida. Als erster bundesrepublikanischer Raumfahrer befördert Ulf Merbold 1983 zusammen mit fünf NASA-Astronauten das erste Spacelab-Modul in den Orbit. Ironie des innerdeutschen All-Wettlaufs: Wie der Ostkollege Jähn stammt auch der Westdeutsche Merbold aus dem Vogtland.« So erweiterte man die Sammlung in Jähns Heimatort nachwendig zur »Deutschen Raumfahrtausstellung«. Mit Erfolg, beweisen die Besucherzahlen. »Hauptanliegen dieser deutschlandweit einmaligen Exposition ist es, den Nutzen der Weltraumforschung für die Menschheit einer breiten Öffentlichkeit nahezubringen. Ausgehend von einem geschichtlichen Abriss über die Erkenntnisse und die Entwicklung der Astronomie und dem Wunsch des Menschen, unseren Heimatplaneten zu verlassen, werden die ersten und weiteren Flug- und Raketenexperimente vorgestellt.« Hauptattraktion bleibt Sigmund Jähn, der vor Ort wohnt. »Kosmonaut, Kosmonaut, wann kommst du herunter? – Wenn ich meinen Auftrag erfolgreich bestand, dann lande ich sicher im Heimatland.«

Deutschlands erster Astronaut – ein Bürger Sachsens. Kein Irrtum – ein Bezeichnungsfehler: Der Kosmonaut heißt Sigmund Jähn, und die Sachsen sind auf ihren Landsmann stolz.

Hitlers Tagebücher fand man in Börnersdorf

Welch' eine Lüge! *Fake-News!* ...

... Fake-News! Fake-News! Absolute Sensation: »Die Geschichte des Dritten Reichs muss umgeschrieben werden!« Selbst Experten hielten diese Falschmeldung für wahr und verloren ihre Reputation.

»Der kleine Goebbels macht schon wieder Geschichten mit Frauen. Werde in den nächsten Tagen einen geheimen Erlass herausgeben, dass ich von meinen engsten Mitarbeitern und Parteiführern im Reich keinerlei Affären mehr wünsche.« *Stern*-Reporter Gerd Heidemann war auf die Story seines Lebens gestoßen. Der findige Fälscher Konrad Kujau und Gewährsmann Fritz Stiefel hatten eine geniale Story gewoben. Wie nebenbei stieß der *Stern*-Journalist auf Hitlers Schriften, die über Mittelsmänner von einem DDR-Bürger feilgeboten worden seien. Heidemann forschte, war das möglich?

In den letzten Kriegstagen '45 war aus dem Berliner Kessel eine Junkers Ju 352 mit Passagieren und geheimen Dokumenten gen Bayern gestartet und bei Börnersdorf hinter Pirna im Heidenholz abgestürzt. Pilot Friedrich Anton Gundelfinger und weitere Soldaten hatte man auf dem Börnersdorfer Friedhof bestattet. Heidemanns Recherche ließ den logischen Schluss zu: »Hitlers Tagebücher entdeckt!« Heidemann und der *Stern*-Ressortchef Zeitgeschichte ließen sich beim Fakten-Check lächelnd und ihres kommenden Ruhmes gewiss vor dem Börnersdorfer Grabstein ablichten. In diesem Flugzeug, behauptete nun die Fälschergeschichte, hätte Adolf Hitler seine privaten Aufzeichnungen ausgeflogen. Glaubwürdiger konnte die Echtheit der Tagebücher kaum bewiesen werden. Kujau musste fortan liefern, weil die Honorare stimmten. Um Nachschubschwierigkeiten zu verschleiern, erfand er als Verkäufer einen Offizier der NVA, dieser konnte seinen illegalen Besitz nicht allzuschnell in den Westen schaffen. Zweifel daran hatten weder Heidemann noch die *Stern*-Redaktion. Dann wurde die Sensation vor geladener Weltpresse präsentiert. Welch' Show! Welch' Ereignis! Elf Tage später entlarvte das BKA Hitlers Tagebücher als Fälschung. »Am Ende musste 1983 nicht die Geschichte des Dritten Reichs, sondern das Impressum des *Stern* zu großen Teilen neu geschrieben werden – aber welch eine atemraubend herrliche Komödie war dem vorausgegangen! Oder nein, eine beklemmende Tragödie. Vielmehr: eine Groteske.«

Konrad Kujau, geboren am 27. Juni 1938 in Löbau, Oberlausitz, Sachsen. Seine Familie zerriss der Zweite Weltkrieg, brachte ihn ins Waisenhaus, 1951 kehrte er zu den Eltern zurück. Kujau absolvierte die Oberschule in seinem Heimatort und veröffentlichte schon da Karikaturen, u. a. in *Eulenspiegel*, *Junge Welt* und *Frösi*. Sein Handel mit Autogrammpostkarten florierte, er fälschte sogar die Unterschriften der SED-Prominenz. Er begann ein Studium an der Dresdner Kunsthochschule. Mit zwanzig Jahren ging Konrad Kujau in den Westen und erhielt einen Platz an der Stuttgarter Kunstakademie. Kontakte zu Altnazis und zu Starreporter Gerd Heidemann ermöglichten ihm den »Coup seines Lebens«. 62 »Hitler-Tagebücher« verkaufte Kujau für 9.300.000 DM. Historisch clever untermauert, nutzte er journalistische Gier aus und lieferte die »Lachnummer des Jahrhunderts«. Seine »Familie in Löbau verfolgte Kujaus Karriere über das West-Fernsehen. Als die Sache mit den Hitler-Tagebüchern herauskam, ›haben wir uns alle auf die Schenkel geklopft‹. Kujaus Brüder und Schwestern wurden wenig später von der Stasi verhört, weil der Fälscher behauptet hatte, in der DDR auf die Tagebücher gestoßen zu sein. Wissenswertes konnte die Ostverwandtschaft nicht berichten.« Als Fälscher wird Kujau verurteilt und frühzeitig wegen Krankheit aus der Haft entlassen. Er verdiente fortan mit »original Kujau-Fälschungen« gut Geld. Auch heute sind sie Erkleckliches wert. Zum Star machte ihn endgültig der Dietl-Film *Schtonk* (1992), der »hat sich sein Lob redlich verdient. Helmut Dietl hat hier eine Medien-Satire inszeniert, die in ihrer schwungvollen Herzhaftigkeit zeitlos bleibt. Ein pointierter Rundumschlag gegen die Sensationsgier der Medienbranche, bei dem sich der Regisseur auf die drei großen H absolut verlassen kann: Herz, Hirn und Humor. Genau das besitzt sein Film im wohlproportionierten Verhältnis.« Oscarnominiert und ein seltenes Beispiel ernsthafter deutscher Komödie. Konrad Kujau starb im Jahr 2000 und ist in Löbau begraben. Hitlers Tagebücher lagen in Börnersdorf – Lüge! Aber »mit Konrad Kujau aus Sachsen fuhr in gänzlich unauffälliger Gestalt die Nemesis hernieder, um die Hybris einer satten, für Hysterien empfänglichen Bundesrepublik ans Licht zu schreiben«.

Torgau plant ein Brückensprengungsdenkmal

Irrtum! *Denn ...*

… bis heute sind die Abläufe, die zur Sprengung der Torgauer Elbbrücke 1994 führten, ungeklärt. Ein Beispiel für die Auslöschung von Geschichte.

Am Stromkilometer 154,5 fließt die Elbe in mehreren Hundert Metern Breite durch Torgau. Bereits im Jahre 1070 soll an dieser Stelle eine Brücke gestanden haben. Mehrmals wurde sie in den Jahrhunderten um- und neugebaut. 1933 riss man den im Fluss stehenden Pfeiler für breiteren Schiffsverkehr ab und spannte über 95 Meter eine Stahlbogenbrücke. Am 25. April 1945 war von der Brücke nicht mehr viel zu sehen, die Wehrmacht hatte sie gesprengt. Ihre Reste jedoch wurden zum historischen Schauplatz: »Hier an der Elbe vereinigten sich am 25. April 1945 die Truppen der ukrainischen Front der Roten Armee mit den amerikanischen Truppen.« Ein Foto hat dieses Ereignis festgehalten: Die Soldaten der alliierten Armeen reichen sich lachend die Hände. Zeugnis und Ikone der Geschichte.

First Lieutenant Albert Kotzebue hatte mit den Mitgliedern seines Aufklärungstrupps an diesem Tag das Ufer der Elbe erreicht. Sie setzten mit einem Boot über den Fluss. »Auf der Ostseite angekommen, stand Kotzebue mit seiner Gruppe inmitten von 300 Leichen – Frauen, Kinder, alte Menschen.« Sie waren in Strehla, dreißig Kilometer flussaufwärts. Dort vereinigten sich beide alliierten Armeen, der Ring um die Deutschen war damit geschlossen. Eine Zäsur, die den Krieg seinem Ende näher brachte. Doch »jeder erkannte, dass Strehla nicht der Ort für eine historische Begegnung war«.

In Torgau sollte Second Lieutenant William Robertson die Flüchtlingsströme erkunden. Kurz vor der Stadt erfuhr er, dass dort eine sowjetische Einheit Stellung bezogen hatte. »An der Elbe angekommen, nahm Robertson ein Bettlaken, malte darauf das Sternenbanner und schwenkte es auf dem Turm von Schloss Hartenfels. Dann ging alles ganz schnell. Die Sowjets eilten zur zerstörten Elbbrücke und Robertson reichte dem sowjetischen Leutnant Alexander Silwaschko die Hand.« Ein Friedensschwur soll dabei geleistet worden sein. Doch das Ereignis wurde nicht dokumentiert. So ließ der Fotograf die Szene tags drauf einfach nachstellen, ganz andre Soldaten standen nun für das Symbol. »Noch am gleichen Tag brachten die Amerikaner den Film nach Paris, von wo aus das Foto um die Welt ging.«

Die Torgauer Elbbrücke wurde auch wegen ihrer strategischen Bedeutung sofort nach Kriegsende wiederhergestellt. Sie hielt den Erfordernissen der modernen Zeiten nicht stand. Ein Neubau wurde bereits in den 1960er Jahren geplant. Die alte Brücke war baufällig und stand dem im Wege. Im neuen Deutschland folgten Diskussionen um ihren Abriss und Taten. »Das ist beschlossene Sache«, meinte die Stadtverwaltung. Es wurde dagegen protestiert: Ein Denkmal der Weltkriegsgeschichte darf man nicht sprengen! Und doch: Am Abend des 16. Juni 1994 verbreitete sich die Nachricht wie ein Lauffeuer. Augenzeugen berichteten: »Die östlichen Elbwiesen waren mit rotem Ziegelstaub bedeckt (der gesprengte Pfeiler bestand in seinem Inneren aus Ziegelsteinen), zwei der stählernen Brückenbogen waren zusammengesackt und hingen nur noch an ihrer Befestigung an den nächstliegenden Pfeilern. Man hatte kurz zuvor die bereits bestehende neue Elbbrücke für den Verkehr gesperrt, um dann in einer – so sehe ich es persönlich heute nach wie vor – Nacht-und-Nebel-Aktion das Verschwinden der geschichtlich bedeutsamen alten Brücke per Knopfdruck zu besiegeln.« Ohne Befehl der Leitungsebene und ihre Genehmigung war der erste Pfeiler gesprengt. Damit war das gesamte Bauwerk nicht mehr zu retten. Die Verantwortlichen der Kommune hatten von nichts eine Ahnung. Ein kleiner Abteilungsleiter hätte ganz eigenmächtig gehandelt, ließ man verlauten. Weltweite Entrüstung!

Einer der damals dabei gewesenen US-Soldaten, Joe Polowsky, setzte sich zeitlebens für die Anerkennung des 25. April als »Weltfriedenstag« ein. »Gemäß seinem Letzten Willen erhielt er 1983 seine letzte Ruhestätte auf dem evangelischen Friedhof in Torgau. Zum 50. Jahrestag ihrer Begegnung erhielten Alexander Silwaschko und William Robertson 1995 die Ehrenbürgerschaft der Stadt Torgau. Denkmale finden sich an der Abfahrt der Fähre von Strehla, vor dem Friedhof von Lorenzkirch, am Elbufer von Kreinitz, in Bad Liebenwerda, in Torgau und auf dem US-amerikanischen Nationalfriedhof Arlington, Washington, D.C.« Darauf das Relief des Bildes vom 26. April 1945. Der Elbe Day wird auch heute noch gefeiert. Die Brücke gäb' Zeugnis, aber sie ist unwiederbringlich im Fluss abgetrieben.

Torgau plant ein Brückensprengungsdenkmal – ein Irrtum! Ein Denkmal für die Sprengung eines Denkmals wäre ein Schandmal. Die noch sichtbaren Reste sind's auch.

Vineta in Sachsen aufgetaucht

Irrtum! *Denn …*

… das Atlantis der Ostsee ging vor Koserow oder Arkona oder Barth oder … oder irgendwo unter. Und doch tauchte Vineta im Störmthaler See wieder herauf aus den Fluten.

Die Sage berichtet, dass vor der Insel Usedom »eine große, reiche und schöne Stadt lag, die hieß Vineta. Sie war ihrer Zeit eine der größesten Städte Europas, der Mittelpunkt des Welthandels. Die Stadttore waren von Erz und reich an kunstvoller Bildnerei, alles gemeine Geschirr war von Silber, alles Tischgeräte von Gold. Endlich aber zerstörte bürgerliche Uneinigkeit und der Einwohner ungezügeltes Leben die Blüte der Stadt. Das Meer erhob sich, und die Stadt versank. An Sonntagen bei recht stiller See hört man noch über Vineta die Glocken aus der Meerestiefe heraufklingen mit einem trauervoll summenden Ton.« Mehr als ein Dorf oder eine Stadt gingen im mitteldeutschen Braunkohlerevier und dem der Lausitz unter. Und immer noch diskutiert man, welche Siedlung als nächste verschwindet.

Schon im Mittelalter pflügten die Bauern die Felder vor Leipzigs Toren und holten Torf aus dem Boden, mit dem sie sich ihre Stuben warm machten. Und je tiefer sie gruben, desto mehr Brennbares förderten sie. Ende des 19. Jahrhunderts intensivierte man die Suche nach Kohle, denn das Industriezeitalter forderte mehr und mehr Energie. Bald sprach man vom mitteldeutschen Braunkohlerevier. Aber für die Kohle musste man graben, sie lag auch unter den Häusern, in denen Menschen seit langer Zeit lebten. Da mussten die Menschen hinweg und ihre Dörfer. »Vom Kohlenland, der Scholle, die wegbrach unter dem Fuß, die nicht mehr auffindbar ist in dem Staub, beraubt der Kontur, Lebendigkeit. Was Jahrmillionen wuchs, Jahrhunderte trug, es ist vergangen mit einer anderen Endgültigkeit als mit der, in der die Königsfarben wechseln.« Am DDR-Ende gruben um Leipzig zwanzig Tagebaue rund 150 Millionen Tonnen Braunkohle im Jahr aus der Erde. Sie wurde in zahlreichen Kraftwerken, Brikettfabriken und Schwelereien verstromt oder veredelt. Doch brachte das Umweltverschmutzung, und Mölbis machte man damit zum dreckigsten Ort des ganzen Landes. Der Leipziger Südraum besaß denkbar schlechten Ruf. Einwohner sprachen: »… in Auschwitz ging es damals lediglich ein bisschen schneller!«

Heute baggert bei Borna der größte Tagebau in Europa, das *Vereinigte Schlehenhain*. Er fördert elf Millionen Tonnen Kohle pro Jahr, bis 2040 reicht der Plan. Dörfer fallen dem Abbau noch immer zum Opfer. Es gibt dagegen Proteste. Jeder Quadratmeter gerettete Erde ist ein Erfolg. Manchmal versucht man zu retten, was kulturell wertvoll und der Gegend ein Wahrzeichen ist. Am 23. Oktober 2007 wurde die Heuersdorfer Emmauskirche ummantelt und auf einen Laster gehoben. Dann startete ihr Transport in das 13 Kilometer entfernte Borna. Dort fand sie neben der Stadtkirche ihren neuen Standplatz. Die Emmauskirche ist Denkmal. Zum einen ist sie eine der ältesten Kirchen in Sachsen. Zum anderen erinnert sie an den Ort, in dem sie einst stand.

Die Liste der verschwundenen Ortschaften ist lang. Magdeborn war im Leipziger Südraum die größte Ansiedlung, die unterging. Am 3. September 1978 erfolgte die Entwidmung der Kirche. Der letzte Rest des Dorfes verschwand 1980. 3200 Menschen wurden umgesiedelt. Einige sind am Verlust der Heimat zerbrochen. Als die Kohle heraus war, stellte man den Bergbau ein. Der letzte Kohlezug fuhr am 27. Juni 1996. Die größte Abraumförderbrücke Deutschlands wurde am 6. Mai 1997 gesprengt. Vorschläge für ihrer Erhaltung wurden verworfen. Das Territorium der untergegangenen Stadt ist heute Störmthal zugeschlagen. In dessen Namen wurde das Restloch geflutet. 750 Hektar Wasseroberfläche hat nun der Störmthaler See. Er ist nicht der Einzige. Das Neuseenland im Leipziger Südraum wird letztlich mehr Wasserfläche umfassen, als die Mecklenburger Seenplatte besitzt.

Für den Störmthaler See sagten Künstler: »Kunst statt Kohle«. Ute Hartwig-Schulz entwarf die Seekirche an der Stelle der alten. Der Turm der abgerissenen Magdeborner Kirche erscheint neu auf einer 15 mal 20 Meter im Wasser verankerten Platte. Vineta wurde dieser Kunstort genannt. Vineta ist also wieder erschienen, bietet Standesamt, Fest und Kultur. Am Ufer des Sees wächst Wein. Piers lassen Bootsfahrer halten. Strand, weiß wie an der Ostsee. »Erzähl den Leuten vor allem, wie schön es einmal hier sein wird. Später, wenn der Kohlerummel vorbei ist …«

Vineta in Sachsen aufgetaucht – ein Irrtum. Jawohl, denn was untergegangen, ist nicht wiederholbar, hin und weg. Aber manchmal »an Sonntagen und bei recht stillem Wasser hört man die Glocken Vinetas über der Seetiefe klingen mit einem trauervoll summenden Ton«.

Tongalesischer Rodler wird Wäscheproduzent: Bruno Banani

Irrtum! *Aber …*

… ein Bruno Banani aus Tonga fuhr unter weltweiter Aufmerksamkeit Schlitten in der Eisrinne Sotschis anlässlich der Olympischen Winterspiele 2014. In Chemnitz produziert ein Unternehmen Unterwäsche unterm Namen Bruno Banani. Zufall? Absicht? Duplizität? Eine Enthüllung.

»Wenn Liebe blind macht, warum ist dann Spitzenwäsche so beliebt?« Feinripp und Schlüpfergummi bestimmten ein Jahrhundert lang das Image von dem unter Rock und Hose. Man kaufte dezent und sprach nicht drüber. Für die DDR produzierte der VEB Elastic-Mieder Zeulenroda. Dessen Slips und BHs wurden Exportschlager. »Versandhändler und Kaufhäuser im Westen Deutschlands hatten das feine Nichts gelistet, während die exklusiven Mieder aus dem Ostthüringischen zwischen der Insel Rügen und dem Erzgebirge nicht selten als Bückware galten.« Die Treuhand stellte den Betrieb in Zeulenroda ein. In Chemnitz gründeten 1993 Wolfgang Jassner und Klaus Jungnickel das Unterwäschelabel Bruno Banani und fügten erklärend hinzu: »Wir wollten eine italienische Anmutung, am besten einen Vor- und Nachnamen. Bruno Banani ist weltweit hervorragend vermarktbar. Viele dachten, dass es sich um eine italienische Designer-Marke handelt. Das ist bis heute ein Bonus, vor allem in Asien. Unsere Abnehmer wissen: Da steckt deutsche Wertarbeit drin, und gleichzeitig ist das Flair international.«

Sechzehn Mitarbeiter produzierten zunächst in den Räumen des VEB Trikotex, und schnell mischte die Marke die Underwear-Branche mit fetzigem Design und unerwarteten Werbestrategien auf. »Der Shooting-Star setzte konsequent seine Philosophie von einer innovativen Kultmarke mit hochwertigster Qualität und exklusiver Verarbeitung made in Germany um.« In der Aktion »Die Durchquerung der Wüste« folgte man den Spuren Kara Ben Nemsis, des verehrten Volksschriftstellers Karl May, und wanderte von Jerusalem nach Simbabwe. Ein Stempel auf der strapazierten Wäsche: *10 000 km adventure tested*. 1998 nahm man Bruno Banani mit auf Mission ins All. Chef-Flugingenieur Nicolai Budarin testete die Unterhosen bei seinem täglichen Fitnessprogramm im MIR-Basismodul. Prädikat: *space proofed*. Der »Drucktest am Bermuda-Dreieck« nahm eine Kollektion mit in 4800 Meter Tiefseetiefe. Siegel: *pressure proof*. Bruno Banani steht für Innovation, sexy Design, hippes Outfit und wurde international zum Markenzeichen. Die Marke aus Sachsen verkauft weltweit in 17 Ländern mit weit mehr als Unterwäsche »not for everybody«: Düfte, Uhren, Taschen und andere Accescoires umfasst das Sortiment. Heute beschäftigt die Firma über 100 Mitarbeiter in Chemnitz, über 750 weltweit. Eine Erfolgsgeschichte.

Die anderweitig fortgeschrieben wurde. 2008 tauchte in den Listen des Rodelsports der Name Bruno Banani auf. Absurd, denn der junge Mann stammt aus Tonga, einem Inselstaat des Südpazifiks, Polynesien zugehörig. Einen Banani mit Vornamen Bruno gibt es also wirklich. Welch eine Weltgeschichte! Natürlich unterstützte die Chemnitzer Firma ob der Namensgleichheit den Athleten. Obwohl der *Spiegel* enthüllte: »Tatsächlich war die Werbeagentur makaí beteiligt. Zur besseren Vermarktung des gecasteten Sportlers Fuahea Semi schlug man eine Änderung des Namens vor, die nach sechsmonatiger

Verhandlung mit der Ausstellung eines neuen Passes und einer Änderung der Geburtsurkunde abgeschlossen wurde.«

Filmreif. *Being Bruno Banani – The flying Coconut* hatte 2015 Premiere, deshalb »schneite der Sport-Exot am 2. August 2016 zum Flachlandbesuch in Leipzig herein, wo der Südseestar seine Promotionstour begann. Am Flughafen wartete auch Karsten Heine, seines Zeichens Präsident des hiesigen Rugby-Clubs. ›Bruno wird bei uns ein zweimonatiges Probetraining absolvieren. Vielleicht eröffnet es ihm eine weitere sportliche Karriere‹, sagte Heine vom Bundesligisten RCL. Der Neuzugang aus Polynesien – dort genießt der Kampf ums Ei höchsten Stellenwert – wird am Mittwoch ab 18 Uhr auf der Vereinsanlage in Stahmeln begrüßt.« Alle Mann sind glücklich, und sie haben Spaß.

Tongalesischer Rodler wird Wäscheproduzent – ein Irrtum, aber natürlich wirbt »the real Bruno Banani« jetzt als Rugby-Star für das Chemnitzer Unternehmen. Welcher Autor hätte sich solch eine Geschichte ausdenken können?

Avantgarde in Sachen Sex: Sachsendreier & Meißner Fummel

Irrtum & Irrtum! *Zwar* …

… steht der Sachse Liebesdingen aufgeschlossen gegenüber, doch gehören Liebesperlen, Sachsendreier und Meißner Fummel nicht ins Repertoire.

2016 ergab die Umfrage: 85,7 Prozent der Sachsen glauben an die ewige Liebe. 91,5 Prozent der Sachsen wünschen sich für ihre Beziehung gegenseitige Treue. Aber 25 Prozent sind schon mindestens einmal fremdgegangen. 3,9 Prozent der Paare leben sogar in einer offenen Partnerschaft. Mehr als zwei Drittel der Sachsen, genau 72,3 Prozent, möchten im Laufe ihres Lebens eine Familie gründen. 2015 kamen 36 466 Kinder auf die Welt. 49,6 Prozent der Sachsen leben in einer Partnerschaft, 17,2 Prozent mit Kindern. 44 Prozent sind alleinstehend, 6,3 Prozent alleinerziehend. 14,9 Prozent haben mehrmals pro Woche Sex, 17,2 Prozent mindestens einmal die Woche, 22,4 Prozent mehrmals im Monat und 9,7 Prozent monatlich höchstens einmal. 35,8 Prozent haben seltener Sex – davon sind mehr als die Hälfte Single. 54 Prozent aller Sachsen mögen keine Routine im Bett und wollen möglichst viele sexuelle Erfahrungen sammeln. 68,9 Prozent der befragten Paare haben mindestens mehrmals im Monat Sex. Dabei sitzen Frauen gern obenauf, 32 Prozent bevorzugen die Reiterstellung. 54 Prozent der sächsischen Paare wechseln beim Liebesspiel mehr als zweimal die Stellung.

Die Sachsen sind dating-faul. So haben 11 Prozent der Singles höchstens einmal im Monat eine Verabredung, über 76 Prozent sogar noch seltener. Nur 12,7 Prozent treffen sich häufiger mit anderen. 37,6 Prozent der Singles im Freistaat möchten in diesem Jahr wieder einen Partner finden. Heiraten wollen in nächster Zeit nur 5,9 Prozent der befragten Paare. Durchschnittlich mit 17 Jahren erleben sächsische Jugendliche ihr erstes Mal. Nur die wenigsten sind dabei jünger als 14 Jahre. 72,6 Prozent der Sachsen küssen ihren Partner täglich. »Ich liebe dich« – 71,1 Prozent der Sachsen sagen diese drei kleinen Worte täglich oder alle paar Tage zu ihrem Schatz. Immerhin 38,2 Prozent der Sachsen bringen alle paar Wochen Blumen dem Partner nach Hause mit oder einen anderen kleinen Liebesbeweis. Die Sachsen kuscheln gern, zumindest 57,3 Prozent jeden Tag, 28,7 Prozent alle paar Tage. 45,1 Prozent der befragten Sachsen sind nur selten eifersüchtig. 5,2 Prozent haben jedoch jeden Tag einen Eifersuchtsanfall, 10,2 Prozent alle paar Wochen. Die Hälfte der Sachsen hat scheinbar einen kleinen Penis, denn es kaufen nur 49,8 Prozent große Kondome. Möglicherweise schätzen sie aber ihre wahre Größe nur falsch ein. Geschlechtskrankheiten sind leider auf dem Vormarsch. 2014 wurden 489 Syphilis-Fälle und 84 HIV-Neuinfektionen gemeldet. Zudem gab es 101 Chlamydien- und 18 Gonorrhö-Infektionen auf 100 000 Einwohner.

Der Sachsendreier ist Papier und sehr wertvoll: die erste Briefmarke des Königreichs im Werte von drei Pfennigen. »Durch seinen Beitritt zum Deutsch-Österreichischen Postverein hatte Sachsen am 15. Mai 1850 die Verpflichtung übernommen, ›Francozeichen‹ einzuführen. Die ersten Ausgaben der bayrischen Kreuzermarken waren das Vorbild für die erste sächsische Marke, die heute weltberühmte ›sächsische Zeitungsmarke 3 Pfennige rot‹, die in verschiedenen Farbarten von hellziegelrot bis karmin und kirschrot vorkommt.« Oberpostrat von Schimpff beauftragte den Leipziger Buchdrucker J. B. Hirschfeld mit dem Entwurf, und nach dessen Bestätigung wurden im Juni 1850 120 000 Sachsendreier ausgeliefert. Von Hirschfeld wurden vom Juni 1850 bis 17. Juni 1851 in acht Auflagen 25 000 Bogen oder 500 000 Stück Dreiermarken abgeliefert. Davon verkaufte die Post 463 118 Stück, der Restbestand wurde verbrannt. »Heute existieren weltweit ungefähr 3000 bis 4000 Stück.« Je nach Farbnuance und Entwertung werden sie für einen Kaufpreis von 4.000 bis 18.000 Euro angeboten. Aufgrund seiner Popularität diente der Sachsendreier anderen Wertzeichen als Vorlage.

Meißner Fummel dagegen ist ein markengeschütztes Feingebäck, dessen erste Erwähnung auf das Jahr 1747 datiert. Es ist ein Hohlkörper aus einfachem, sehr dünnem Teig, dessen Geschmack an eine Mischung aus Oblate und Weißbrot erinnert: Tatsächlich wenig spektakulär, aber die dazu erzählte Geschichte, die ist gut. »Es heißt, August der Starke habe schon die hauchdünnen Fummel fertigen lassen. Denn die Kuriere, die das Meißner Porzellan nach Dresden brachten, hatten es zu oft zerbrochen, weil sie sehr betrunken waren. Am Wege waren sie häufig und zu lange in die Meißner-Wein-Stuben eingekehrt. Daraufhin befahl der Kurfürst der Bäckerzunft zu Meißen, ein leicht zerbrechliches Gebäck herzustellen, dass die Porzellan-Reiter auf ihrem Wege bei sich trugen und bei Ankunft unversehrt vorzeigen mussten.«

Und bei Liebesperlen handelt es sich ebenfalls um eine verführerische Nascherei. Sie werden seit 1908 nach einem Geheimrezept in Görlitz hergestellt. Den Namen verdanken sie der Frau des Erfinders Rudolf Hoinkins. Bis heute sind die bunten Zuckerkugeln nicht nur hierzulande beliebt, sondern werden in 22 Länder exportiert.

Avantgarde in Sachen Sex sind die Sachsen eher selten. Sachsendreier und Meißner Fummel sind hiesige Attraktionen, aber auf ganz anderem Gebiet.

Sachsen hat mit Rechten kein Problem

Irrtum *und* …

… angesichts der Fakten, Fakten, Fakten Augenwischerei der Politik. Ministerpräsident a. D. Kurt Biedenkopf kam zu der Überzeugung: »Die Sachsen haben sich gegenüber Rechtsextremismus völlig immun erwiesen.« Dieser Meinung ist nicht nur der Landesübervater.

»Sachsen hat ein Bild von sich geschaffen und verteidigt es erbittert. Es ist in Öl gemalt und goldgerahmt. Es ähnelt den romantischen Dresdner Veduten von Canaletto, der Stadtidyllen malte, in denen sich die Wolken im Wasser der breiten Elbe spiegeln. Frieden und Ruhe. Als sei nichts gewesen.« Günter Baumann, Mitglied des Deutschen Bundestages aus dem Erzgebirge: »Sachsen ist nicht rechtsradikal. Und auch nicht ausländerfeindlich.« Michael Kretschmer, Generalsekretär der CDU Sachsen, argumentiert: »Eine Politik, die mit dem Finger auf andere zeigt, die Worte wie ›Pack‹ und ›Pöbel‹ und ›Dunkeldeutschland‹ verwendet, in dieser Debatte auch wieder mitnimmt, die ist nicht in Ordnung.« Landtagsabgeordneter Alexander Krauß: »Sachsen braucht keine Belehrungen.« Zum Problem des Rechtsradikalismus in Sachsen meint der Extremismusexperte: »Das hat damit zu tun, dass in der sächsischen Politik, die von der CDU maßgeblich bestimmt ist, der Feind ganz offensichtlich immer noch links gesehen wird, und die gesamte rechtsextremistische Ideologie und der Hass, der dem vorangeht, also das völkische Denken, der Rassismus, die Ausländerfeindlichkeit, die Parolen, die in den Städten nationalen Sozialismus fordern, um die hat sich diese CDU-Regierung über Jahre nie gekümmert.« Sachsen ist in Verruf geraten, und Ministerpräsident Stanisław Tillich räumte am 26. Februar 2016 im Bundesrat ein: »Das Problem ist größer, als es der ein oder andere bisher wahrhaben wollte.« Allein im Jahr 2015 wurde im Bundesland in 500 Fällen gegen rechte Gewalt ermittelt. Sächsische Städtenamen stehen synonym für Ausländerfeindlichkeit und -hass. Heidenau: »Zu fremdenfeindlichen Ausschreitungen kam es ab Freitag, dem 21. August 2015, als Einheimische und Zugereiste, teilweise rechtsextreme Sympathisanten, gegen eine neu eröffnete Flüchtlingsunterkunft demonstrierten und gewalttätig versuchten, deren Bezug zu verhindern. An den fremdenfeindlichen Protesten beteiligten sich über 1000 Personen.« Clausnitz: »Am Donnerstagabend, dem 19. Februar 2016, ist es zu Protesten gekommen, als Flüchtlinge eine Asylbewerberunterkunft beziehen sollten. Wie die Polizei mitteilte, behinderten rund 100 Personen die Ankunft des Busses, indem sie mit drei Fahrzeugen die Zufahrt blockierten.« Bautzen: »Der Dachstuhl des ehemaligen Hotels *Husarenhof* brennt in der Nacht zum 21. Februar 2016 in voller Ausdehnung. Davor stehen Betrunkene, johlen und klatschen. Einige behindern sogar die Löscharbeiten der Feuerwehr. Das Haus ist eine neue Asylunterkunft und sollte im März belegt werden.« Weitere Orte: Meißen, Freital, Löbau …

»Von außen betrachtet sieht Sachsen weniger aus wie ein Idyll Canalettos, sondern wie ein Schlachtengemälde. An allen Ecken steigt Rauch auf, weil es brennt, von rechts marschieren die Fußtruppen ins Bild; in der Dresdner Innenstadt und vor Flüchtlingsheimen im ganzen Bundesland stehen die Fahnenträger.« Rechtsradikale versuchen seit 25 Jahren den Tag der Bombardierung Dresdens für sich auszunutzen. Seit Dezember 2014 laufen die »Patriotischen Europäer gegen die Islamisierung des Abendlandes« in der Landeshauptstadt auf und halten ihre Fahnen und Transparente vor die Sehenswürdigkeiten Semperoper, Frauenkirche, Goldener Reiter. Das zeigt Wirkung: »Auch im Mai 2016 ist die Zahl der Dresden-Besucher gesunken. Es kommen zwar mehr Gäste aus dem Ausland, dafür machen deutsche Touristen einen Bogen um Dresden.« Dazu die Chefin der Dresdner Marketing GmbH: »Die Rückgänge aus Deutschland machen deutlich, dass wir nach wie vor mit einem negativen Image im eigenen Land zu kämpfen haben. Dies bestärkt uns in unserer Strategie, im Inland weiterhin verstärkt für positive Nachrichten sorgen zu müssen und immer wieder attraktive Reiseanlässe zu kommunizieren.« Auch heute herrscht Krieg – Februar 2017 soll die Barrikade dreier ausrangierter Busse an die Bombardierung Aleppos in Dresden erinnern. »Es ist eine unsagbare Provokation, ausgerechnet vor der Frauenkirche so ein Theater zu veranstalten. Niemand muss mit Schrott Syrien nach Deutschland holen.« Nicht die letzte diesbezügliche Meldung aus dem Freistaat.

Sachsen hat mit Rechten kein Problem – ein Irrtum, der von der Landespolitik noch immer nicht als das eingeschätzt wird, was er ist – ganz rechter Rechtspopulismus.

Die Bastei hat den schönsten Elbblick

Irrtum! *Denn ...*

... Umwelteinfluss und Besucherstrom haben das Betreten des berühmten Felssporns überm Elbtal unmöglich gemacht. Die letzten zehn Meter vor dem Abgrund sind gesperrt. Für immer.

»Hier, wo man von den schroffsten Felsenwänden gerade in die Elbe sieht, wo in der kleinen Entfernung der Lilien-, König- und Pfaffen-Stein mahlerisch gruppirt liegen und überhaupt dem Auge ein ganzes darstellt, welches mit Worten nie beschrieben werden kann«, schwärmte August von Goethe. Und wirklich ist die Bastei der Sächsischen Schweiz markantester und beliebtester Aussichtspunkt seit Jahrhunderten gewesen. Bereits 1592 erwähnte Matthias Oeder im Rahmen der Ersten Kursächsischen Landesaufnahme eine »Pastey«. Das weist auf den kriegerischen Charakter hin: »Bastei ist süddeutsch-österreichisch der Name für Bastion, und diese ist Teil einer Festung. Die Bastei dient als Verteidigungsstellung, um Angreifer je nach taktischer Lage direkt, von der Seite oder von hinten beschießen zu können. Ursprünglich waren Bastionen als Vorsprung der Befestigungsmauer angelegt.« Hier im Elbsandsteingebirge war der »Vorsprung« für die Festung Neurathen natürlich. 194 Meter fällt der Fels von freier Spitze hin zum Tale fast 90 Grad. Von ihm aus hat man weite Sicht hin übers Elbtal, hin nach Dresden und flussaufwärts gen Bodenbach, Tetschen und Aussig. Postkartenmotive der Landschaft werden (meist) von der Bastei geschossen.

Bereits zu Raubritterzeiten nutzte man die fantastische Aussicht. Die Burganlage Neurathen ist die größte der Gegend. Von den hölzernen Bauten sind Balkenaufleger und gehauene Wände noch sichtbar. Wege, Durchgänge und die Zisterne besichtigt man im 1984 entstandenen Freilichtmuseum, Holzbrücken und eine Steinschleuder wurden rekonstruiert. Von Sorben errichtet, soll die Felsenburg von Kaiser Heinrich IV. erobert worden sein. Die Sorben, vom Angriff überrascht, stürzten sich in den Abgrund – Mardertelle heißt dieser seitdem, und eine ungeheure Menge Gebein sei drinnen gefunden worden. 1289 erwähnten Chronisten die Burg. Sie war stets umkämpft wegen ihrer strategischen Lage. Die böhmischen Herrscher wechselten. Nach mehrfachen Kämpfen ging sie 1469 in Sachsens Besitz über.

»Welche hohe Empfindungen gießt das in die Seele! Lange steht man, ohne mit sich fertig zu werden, schwer reißt man sich von dieser Stelle fort«, bemerkte Carl Heinrich Nicolai 1801 und erschloss den Fels als einer der ersten Wanderführer touristisch. Zunächst war die Bastei nur von Wehlen oder Lohmen erreichbar. 487 Stufen führen seit 1814 von Rathen hinauf. Zu Pfingsten 1812 bot der geschäftstüchtige Fleischer Pietzsch bereits einen Imbiss gegen gutes Geld. »Freundl. Hütten und gute Bewirthung mit Caffe Doppelbier liquer u. frischem Butterbrod erquickten den müden Wanderer sehr.« Vier Jahre drauf erhielt er dafür die Schankkonzession: »In zwei Rindenhütten wurden Brot, Butter, Bier, Branntwein, Kaffee und Milch angeboten. Zwei Jahre später entstanden unterhalb eines Felsüberhanges eine Küche sowie ein Keller, die Aussichtsplattform erhielt ein Geländer.« Über die Mardertelle führte eine hölzerne Brücke, die 1851 mit Stein zur berühmten Basteibrücke wurde: 76,5 Meter lang, 40 Meter über dem Abgrund. Der Architekt Gottlob Friedrich Thormeyer konzipierte 1826 ein Steinhaus mit Übernachtungsmöglichkeiten. Heute verlautet die Werbung: »Hoch über dem romantischen Elbtal, umgeben von der weltberühmten Basteibrücke und prachtvollen Tafelbergen, erwartet Sie das *Berghotel & Panoramarestaurant Bastei.*«

Februar 2017 kommen Experten zu dem Schluss, »dass dieser Felsen instabil ist und auch mit technischen Möglichkeiten – unabhängig von den Kosten – nicht mehr stabilisiert werden kann. Der Sandstein ist porös. Man muss sich das so vorstellen, dass im Inneren zum Teil gar kein fester Stein mehr ist, sondern schon loser Sand. Und dieser Zustand wird wohl immer schlimmer im Laufe der Jahre.« Deshalb nannte der Tourismusverband Sächsische Schweiz die dauerhafte Schließung des »zweifelsohne bekanntesten Aussichtspunkts der Sächsischen Schweiz erst einmal eine schlechte Nachricht. Dennoch ist die Entscheidung richtig. Denn die Sicherheit der Gäste steht an oberster Stelle und ihr müssen sich alle Entscheidungen unterordnen.« Doch gibt es bereits Pläne, den Basteifelsen auf technischem Wege zu umfrieden, so dass die gute Aussicht den Besuchern wieder möglich wird.

Die Bastei hatte den schönsten Elbblick – wäre momentan zu sagen. Vielleicht aber bietet sie in absehbarer Zukunft wieder die fulminante Aussicht, denn auch nachfolgenden Generationen wäre der herrliche Talblick zu gönnen.

Irrtümer